Ilse Aichinger

Unglaubwürdige Reisen

Herausgegeben von Simone Fässler
und Franz Hammerbacher

Fischer Taschenbuch Verlag

Veröffentlicht im Fischer Taschenbuch Verlag,
einem Unternehmen der S. Fischer Verlag GmbH,
Frankfurt am Main, September 2007

Lizenzausgabe mit Genehmigung der
S. Fischer Verlag GmbH, Frankfurt am Main

Druck und Bindung: Clausen & Bosse, Leck
Printed in Germany
ISBN 978-3-596-17076-0

Inhalt

II Schattenspiele

III

Vorwort

»Immer dieselben Wege gehen«: Jeden Vormittag geht Ilse Aichinger von ihrer Wohnung im Hochhaus in der Herrengasse im ersten Wiener Bezirk über den Michaelerplatz ins »Demel«. Im Café des k.u.k.-Hofzukkerbäckers pflegt sie die Zeit zu verbringen bis zum ersehnten Kino am späten Nachmittag. Keine einfache Zeit. Die Stunden ziehen sich oft lange hin, und das »Haben schon gewählt?« der Bedienung verdeutlicht nur, wie beschränkt die Wahlmöglichkeiten sind. Doch ebendiese konturlosen Vor- und Nachmittage ermöglichen »unglaubwürdige Reisen«. Einmal die Woche, jeweils am Donnerstag, verfaßte Ilse Aichinger während drei Jahren am Kaffeehaustisch für die Wiener Tageszeitung *Der Standard* ein Reisefeuilleton.

Das erste beginnt mit einer Provokation: »Wenn einer eine Reise tut, so kann er nichts erzählen: Das fiel mir schon ziemlich früh auf. Die unglaubliche Sprachlosigkeit Gesellschafts- oder auch Einzelreisender: Sie reicht nicht zur Stille, um so mehr zur Stummheit. Das gibt dann Lichtbildervorträge.« Reisende, die unter Anleitung von Reiseführern exotische Orte aufsuchen, finden in der Fremde nichts anderes als das Erwartete. Darum definiert Aichinger die Reise um: »Deshalb ist es mir lieber, immer dieselben Wege zu gehen oder dieselben Strecken zu fahren. Die Qualität der Entdeckungen wächst, bringt Ruhe und neue Aufbruchsmöglichkeiten.« Reisen heißt für die Autorin im alltäglich Gewohnten bleiben. Hier legt sie so oft die altbekannten Wege zurück, bis sich einstellt, was kein Lichtbild sichtbar macht und so »unglaubwürdig« ist, daß es eines Beweises nicht bedarf: Reisen in die Geschichte, Begegnungen durch die Zeiten hindurch. Erinnerung also.

Gemächliche Spaziergänge sind die »unglaubwürdigen Reisen« nicht. Schon ihre Grundlage ist prekär: fliegende, fliehende Blätter, im Vorbeigehen aufgelesen, ein Glück, wenn sie bis zum Abend noch beisammen sind. Auf Schulblöcke schreibt Ilse Aichinger, auf Briefumschläge, Rätselhefte, Speisekarten, Einkaufstüten oder das Tagungsprogramm der »Deutschen Akademie für Sprache und Dichtung«. Von oben reiht sie darauf in regelmäßigen Zeilen und fast ohne Korrekturen Satz an Satz, füllt die Seiten, wo immer sie unbedruckt sind, bis zum Rand. Während sich von unten und auf der Rückseite, ohne Ordnung und Richtung, Notizen ausbreiten, die im aktuellen Tag Verankerung suchen: »2 kl. Schwarze, 2 Eier im Glas, 1 Schinkenbrot« – »Ricc ruft später an, holt mich.« – »Ricc bringt Rätsel« – »21.00 Film-Museum«.

Zu welchem Ziel die »unglaubwürdigen Reisen« führen, ist bei ihrem Antritt nie gewiß. Wichtig ist vorerst der Aufbruch durch die Beschäftigung mit Vorgefundenem: Reiseführern, Lieblingslektüren, Prospekten, Zeitungsartikeln, Sätzen von Kaffeehausgästen. Ilse Aichinger liest und betrachtet, dann zitiert sie, beschreibt, erzählt nach und mit – bis irgendwann, bei einem nebensächlichen Detail vielleicht, der Funke springt vom Fremden zum Eigenen. Erinnerung stellt sich nicht auf Befehl ein, nicht chronologisch und nicht flächendeckend. Sie gerät oft an denselben Ort, doch immer aus einer anderen Richtung. Mit dem schizophrenen Kindermädchen Emma Schrack beispielsweise muß an jeder Kreuzung gerechnet werden. Und jedesmal erscheint ihre Gestalt, ihre Geschichte in einem anderen Licht.

Da die »unglaubwürdigen Reisen« stets im Hier-und-Jetzt beginnen, zeichnet sich im Journal auch die dreijährige Zeitspanne seiner Entstehung ab. Zwei öffentliche Ereignisse, das Attentat auf die New Yorker Zwillingstürme am 11. September 2001 und die Verleihung des Literaturnobelpreises an Elfriede Jelinek im Dezember 2004, geben den Rahmen. Zwei Unfälle zwingen zu einschneidenden Routenänderungen: Nach Aichingers Oberschenkelhalsbruch im Herbst 2002 wird für einige Wochen das Lorenz-Böhler-Unfallkrankenhaus Ausgangspunkt der Reisen. Im Frühjahr 2004 datieren der Sturz, die 20 Tage im künstlichen Tiefschlaf, der Tod von Aichingers Lebensmenschen, dem Literaturwissenschaftler und Kritiker Richard Reichensperger. »Ricc« war ihr täglicher Begleiter, wesensverwandt im angriffslustigen, radikal unkonventionellen Denken. Seiner Anregung und seinem Kontakt zum *Standard* ist zu verdanken, daß sie in den 90er Jahren, nach Jahrzehnten fast völligen Schweigens, wieder zu schreiben begann.

In alle Himmelsrichtungen und Distanzen können die »unglaubwürdigen Reisen« führen. Um zwei Ecken in den nächsten Wiener Bezirk oder bis Shanghai. Einige Gegenden aber haben in Aichingers Topographie besonderes Gewicht. England, seeumspült und nebelverhangen, ist das nördliche Sehnsuchtsziel der Binnenländerin. In England, im Zweiten Weltkrieg rettendes Exil für viele Wiener Juden, lebt die Zwillingsschwester Helga, seit sie 1939 mit einem der letzten Kindertransporte aus Österreich ausreisen konnte – mit einer jüdischen Mutter und einem nichtjüdischen Vater galten die Kinder nach den Nürnberger Gesetzen als »Mischlinge ersten Grades«. Ilse Aichinger fuhr 1948, nach zweijährigem Kampf um ein Visum, erstmals hin. Zuletzt besuchte sie die Schwester, die heute in London im Seniorenheim Santa Teresa lebt, anläßlich des 80. Geburtstages am 1. November 2001 und noch einmal im November 2004.

Aus der entgegengesetzten Richtung, dem Gebiet der ehemaligen k.u.k.-Monarchie, stammen die mütterlichen Vorfahren. Jeder war in seiner Art ein Reisender: Der eine Urgroßvater soll als nomadischer Pferdehändler aus dem Kaukasus nach Mähren gekommen sein. Der andere war, unter anderem in Auschwitz und Sarajewo, Eisenbahningenieur. Von Wien nach Osten führte jene unmenschliche Reise, die zum Urlaub »mit Erlebnisgarantie« im größtmöglichen Kontrast steht: Im Mai 1942 wurden Aichingers Großmutter und die jüngeren Geschwister der Mutter nach Minsk deportiert.

Im engeren Radius liegen die Orte der eigenen Biographie. Linz steht für die ersten Jahre und den Vater, einen Bürgerschullehrer, der die Familie durch den Erwerb »der fünften identischen Jean-Paul-Ausgabe« in finanzielle Schwierigkeiten brachte, stets zu Fuß unterwegs war, hier und dort Gläubiger zurücklassend, bevor er »vorsichtshalber, wegen seiner Bücherschulden, in die Nervenklinik gebracht« wurde. Nach der Scheidung der Eltern 1927 verbrachte Ilse Aichinger ihre Jugend in Wien. Bei der geliebten Großmutter in der Hohlweggasse im Fasanviertel. Mit der Mutter, die als eine der ersten Frauen in Wien Medizin studiert hatte, in der Gumpendorfer Straße, später, nachdem sie Mietrecht und Wohnung verloren hatten, in Zimmern in unmittelbarer Nähe der Gestapo am Morzinplatz. Nach Kriegsende wurden Mutter und Tochter von einer Bekannten in die kleine Wohnung in Hernals aufgenommen, an deren weißem Küchentisch der Roman *Die größere Hoffnung* entstand. Das große alte Haus in Großgmain bei Salzburg, aus dem sie winters durch die vergitterten Küchenfenster ins Schneelicht hinausschaute, bewohnte Ilse Aichinger während Jahrzehnten mit ihrem Mann Günter Eich und den Kindern Clemens und Mirjam.

Im November 2003 wechselt der Titel des Journals. Die »Schattenspiele« verschieben den Fokus von den Wegen und Landschaften zu den Menschen und Begegnungen. Als kräftige Schattenrisse haben sich die Toten in die Erinnerung eingezeichnet mit ihren »Sterbensarten«. Für immer abwesend, behaupten sie in Aichingers Texten stets von neuem machtvoll ihre Präsenz. Verwandte und Freundinnen, die im Krieg umgekommen sind. Der 1972 verstorbene Günter Eich. Sohn Clemens und Richard Reichensperger, die jüngst, im Abstand von sechs Jahren, im selben Alter und auf ähnliche Weise bei einem Unfall ihr Leben verloren. Stifter, Freud, Hofmannsthal und Thomas Bernhard, die immerwährenden Bewohner von Aichingers Wien-Kosmos. Die spielfreudigsten Schatten aber werfen die Gäste: Pippi Langstrumpf, die im 71er, Wiens längster Straßenbahnlinie, zum Zentralfriedhof fährt. Oskar Matzerath, wenn er Ellen, die Protagonistin aus der *Größeren Hoffnung*, besucht. Und Churchill, mit dem Ilse Aichinger bei Madame Tussaud's eine wächserne Zigarre raucht.

Simone Fässler

I Unglaubwürdige Reisen

Eine Zigarre mit Churchill

Wenn einer eine Reise tut, so kann er nichts erzählen: Das fiel mir schon ziemlich früh auf. Die unglaubliche Sprachlosigkeit Gesellschafts- oder auch Einzelreisender: Sie reicht nicht zur Stille, um so mehr zur Stummheit. Das gibt dann Lichtbildervorträge. »Hier siehst du mich« – aber wen sieht man, zwischen Eisbergen oder an Dattelpalmen gelehnt? Wieder nur sich selbst. Deshalb ist es mir lieber, immer dieselben Wege zu gehen oder dieselben Strecken zu fahren. Die Qualität der Entdeckungen wächst, bringt Ruhe und neue Aufbruchsmöglichkeiten. So war ich vor kurzem einmal nicht in Wien, sondern in einem echten Wachsfigurenkabinett, bei Madame Tussaud's.

Es gibt Reisen, die in die Ferne, und solche, die in die Geschichte führen – zum Beispiel zu Madame Tussaud, einst wohnhaft nahe der Baker Street, wo Sherlock Holmes ein Museum für seine Nichtexistenz bekam. Bevor sie, weil das Geschäft ihres ersten Wachsfigurenunternehmens in Paris nachgelassen hatte, 1802 nach London kam, hatte die 1761 in Straßburg getaufte Marie Grossholtz (die spätere Madame Tussaud) schon eine Ausbildung in Anatomie genossen: Ihre Mutter nahm eine Stellung im Haus des Arztes Philipp Curtius an, der anatomische Figuren in Wachs nachbildete und mit deren Ausstellung reich wurde. Marie bildete früh Benjamin Franklin nach, Dr. Curtius

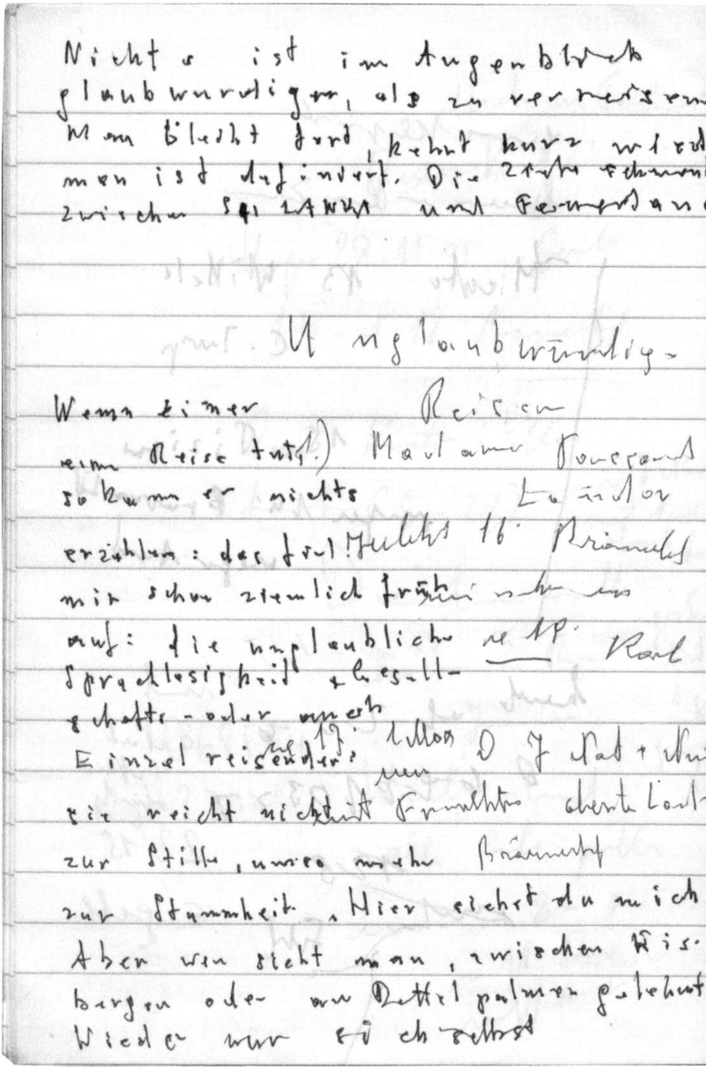

Nichts ist im Augenblick
glaubwürdiger, als zu verreisen
Man bleibt fort, kehrt kurz wieder
man ist definiert. Die [illegible] schwankt
zwischen [illegible] und [illegible]

Unglaubwürdig

Wenn einer Reisen
eine Reise tut) Madame [illegible]
so kann er nichts [illegible]
erzählen: das fiel [illegible]
mir schon ziemlich früh [illegible]
auf: die unglaubliche [illegible] Karl
Sprachlosigkeit [illegible]
[illegible] oder [illegible]
Einzelreisender? [illegible]
Sie reicht nicht [illegible]
zur Stille, [illegible]
zur Stummheit. Hier siehst du mich
Aber wen sieht man, zwischen [illegible]
bergen oder am [illegible] palmen gelehnt
Wieder nur sich selbst

»Nichts ist im Augenblick glaubwürdiger, als zu verreisen«:
Das Schreibheft mit der ersten Notiz zum Journal

Deshalb ist es mir lieber,
immer wieder dieselben
Wege zu gehen oder dieselben
Strecken zu fahren
Die Qualität der Entdeckungen
wächst, bringt zugleich Ruhe
und mehr Aufbruchsmöglichkeiten

Morgen 16.

Café Bräunerhof

und 8 [illegible]

Nur

abends [illegible]

[illegible] gestern da

19 Uhr

[illegible] [illegible]

zwang sie aber auch, während der Französischen Revolution Leichenhaufen nach gut modellierbaren oder prominenten Köpfen zu durchsuchen.

So blieb sie immerhin in einer Gesellschaft, die besser war als die hohe, und geschickt nahm sie auch Robespierre die Totenmaske ab. Gegen Ende der Revolution starb Dr. Curtius, Marie erbte die Ausstellung. Es war, wenn man sich die Eintrittskarte leisten konnte, eine Vorform des Kinos, noch vor den Panoramen, aber die Pariser hatten schon zu oft denselben Wachs-Film gesehen, so daß Madame Tussaud, wie sie sich nannte, nach England aufbrach und 33 Jahre durch England tourte, Hauptattraktion: die Totenmaske Napoleon Bonapartes. Als bei einer Überfahrt nach Irland die stürmische irische See einmal das Schiff zum Kentern brachte, überlebten wenige, aber Madame Tussaud und einige ihrer Figuren stiegen, nicht ganz trocken zwar, aber doch, an Land. Mit 74 beschloß sie, sich in London niederzulassen, nicht weit von der heutigen Filiale. 1850 starb sie mit 89 Jahren, ihre Söhne und Enkelsöhne führten die Ausstellung weiter und verlegten sie 1884 an den jetzigen Ort.

Die »Chamber of Horrors« hieß noch nicht so, aber der Scharfrichter Marwood kam oft hierher, um Figuren zu besuchen, die er hingerichtet hatte. Jetzt steht, seit dem Zweiten Weltkrieg, am Eingang der »Chamber of Horrors« die Figur Adolf Hitlers. Ihn zu besuchen lohnt sich: Er sieht in Wachs genauso unbedeutend aus wie in Wirklichkeit, ein Nobody, bei dem ich schon 1938 nicht verstand, warum ihm so viele nachliefen. Er ist ein Grund, bei jeder Englandreise dem Kabinett einen Besuch abzustatten. Ein anderer Grund ist der sehr gut modellierte Winston Churchill. Gerne würde man ihn auf eine Zigarre einladen, an Hitler vorbeispazieren und Zigarrenasche fallen lassen.

(30. 11. 2001)

Die frühen Blicke in Anstaltsgärten

Die erste Reise, die Geburt, hat nicht nur mit den meisten letzten gemeinsam, daß sie ohne Alternative auskommen muß: Keiner holt freiwillig Luft oder wählt den Ort für die erste Chance, nicht gleich zu ersticken. Ob im Jet über Seattle, in Ambulanzwagen mit Blaulicht oder in einer sterilen Entbindungsstation oder einer Abstellkammer: der erste Schrei setzt der ersten Reise ein Ende und läßt sich fast ohne weiteres als Existenzbeweis definieren. Aber für wessen Existenz? Verwandt oder unverwandt, auswechselbar oder nicht?

Schon im Bruchteil einer Sekunde danach sind neue Instanzen zuständig: staatliche und kirchliche Behörden, Paßämter, Pfarrämter, Standesämter, Tauf- und Geburtsurkunden und früher noch ein »Heimatschein«, der unglaubwürdigste Beweis für die erste unglaubwürdige Reise: Geboren in Wien, dagegen ist nichts zu machen, aber danach? Ob Graz, Hütteldorf oder der Jemen – die nach Freud entscheidende frühe Kindheit zeichnet sich sofort ziemlich endgültig ab. Auch die kann keiner wählen. Für mich hieß sie teilweise Linz an der Donau, der Pfennigberg, der Pöstlingberg, der Freinberg.

Vor allem aber ein immerhin sozialdemokratischer Bürgermeister, Ernst Koref, der gern Musik hörte und uns besuchte. Das glich die oft beunruhigenden finanziellen Schwierigkeiten aus, die durch die fünfte identische Jean-Paul-Ausgabe, die unser Vater ins Regal gestellt hatte, entstanden waren. Da reichte das Geld nur noch für ein schizophrenes Kindermädchen, Frau Emma Schrack, kurz zuvor irrtümlich aus der Psychiatrie entlassen. Sie verlangte wenig und hielt uns mit den kräftigen Griffen fest, die sie von Wärtern kannte. »Wenn ihr nicht brav seid, hole ich den Wachmann«, sagte sie gerne. Sie blieb drei oder vier Jahre.

Die Spazierwege: über die Landstraße zum Hauptplatz, doch noch nicht zum letzten Wohnhaus Adalbert Stifters, in dem er unter seine langen Betrachtungen über die Restaurierung von Lindenholzaltären mit einem Rasiermesserschnitt in die Kehle einen unvermuteten, aber nicht unvermutbaren Schlußstrich gezogen hatte.

Aber schon damals, immer häufiger, führten die Wege in Richtung Landesirrenanstalt, über Wiesen mit den ersten Frühlingsblumen und Lücken in der Anstaltsmauer. Durch sie konnten wir die freundlichen und stillen oder stillgehaltenen Irren sehen. Dieser Spaziergang hatte nicht nur für Emma Schrack, sondern auch für uns Vorrang. Dort gab es keinen Streit über zu viele Jean-Paul-Ausgaben oder verpfändete Gehälter, die Strecke zwischen der von unbezahlten Büchern überbordenden Wohnung und der Landesirrenanstalt ergab die ersten unglaubwürdigen Reisen. Auch die Regelmäßigkeit, die Kindern notwendig ist: einmal Irrenanstalt und zurück. So verliefen die Tage, bis der Himmel über Linz und der Donau den Linzer

Schläfern recht gab und den Grat zwischen Glaubwürdigkeit und Unglaubwürdigkeit kurz besänftigte.

(7. 12. 2001)

Wie nach einem Filmriß

Täglich wurden die Zwillingstürme an der Südspitze Manhattans von bis zu 150000 Personen besucht (so die NZZ). Am Dienstag gingen sie um 8.46 und um 9.04 Ortszeit (Abstand also 18 Minuten, wie manchmal Zwillinge bei der Geburt) in Flammen auf und begruben wahllos jeden, der nicht in Panik in den Tod sprang. In der Zeitung heute die Liste von Konzernen, die Mieter waren. Einige von ihnen: »Amusement Recreation Services, WTC #5280«; »Gary's Candy Shop, 6 WTC, 3rd Floor«; »Florists, Flowers of the World, 350 WTC«; »Religion Organization Christian Science, Reading Room«; »Russia House II«.

Aus den verschwundenen Räumen wird man nie mehr die Freiheitsstatue sehen, auch nicht senkrecht nach unten, wie diejenigen, die sprangen. Von hier weg wird man nie mehr New York sehen. Auch kein Blick mehr nach Osten, über Downtown zur Brooklyn Bridge. Kein Bummelzug mehr (langsamer Aufzug) in die höhergelegenen Stockwerke. Man kann das Ende der »unschönen Schachtel«, wie einige New Yorker das World Trade Center nannten, allerdings kaum als das Ende der Gemütlichkeit bezeichnen.

Es heißt, das Herz der Vereinigten Staaten wurde getroffen. Aber es waren immerhin mindestens zwei Herzen. Und wo bleibt das Herz zwei Tage danach? Glassplitter sind bis über den Hudson River geflogen, drüben in Brooklyn hat es, fünf Kilometer entfernt, Papierfetzen geregnet, die kurz davor noch sorgfältig geordnet auf den Schreibtischen des WTC gelegen waren

Die Flucht vor den Grenzen der Faßbarkeit führte erst einmal vor die Fernsehgeräte, die einmal, zum ersten Mal, ein langsames Medium sind: Sie zeigen die immergleichen Bilder, die auf die Türme zusteuernden Flugzeuge, in vielen Wiederholungen, als sei die Stadt angehalten worden, wie nach einem Filmriß.

Fernsehen ist nicht in sich schlecht. Es kommt auf den Betrachter an. Wer hält sich für bedroht, wenn die Flammen im Kino auf ihn zustürzen, und wer nicht, wer nimmt teil und wer ist nur Voyeur: sehr unterschiedlich, keine Pauschalitäten. Und die Bilder jetzt, die Terroraktion, die allgemein als Kriegserklärung aufgefaßt wird, obwohl gar nichts »erklärt« wurde, von keinem greifbaren Völkerrechtssubjekt, sondern: der Krieg, unerklärt, wird einfach geführt. Und er ist konträr und ganz anders brutal als die Brutalitäten des Zweiten Weltkriegs: automatischer.

Es hat nicht den Anschein, als seien diese Selbstmordkommandos zugänglicher als ein Satz von Stahlstreben, fertig verpackt und auch so zu verwenden. Und deshalb läßt sich auch nicht von einem Aufstand und Widerstand des Gewissens von anderen, von uns oder gar von der, so Bush, »Nation« sprechen, weil hier jeder Widerstand, anders als im Krieg, auf glatten Stahl greift. Weder geht es um Personen – solche zählen für einen Fanatiker in einem Selbstmordkommando nie – noch um Darsteller (das unterschätzen

Fanatiker allerdings: daß sie gar nicht die Hauptdarsteller sind, weil sie gar nicht greifbar sind und hinter den wahren Hauptdarstellern, ihren Opfern, verschwinden).

Dienstag: Präsident Bush ruft von Louisiana aus zum gemeinsamen Gebet auf und fliegt von dort nach Nebraska weiter. Vielleicht weil der Geheimdienst glaubt, der Präsident sei dort ungreifbar. Da kennen sie aber nicht die Geschichte »Schnee in Nebraska« von Joachim Maass, die Geschichte eines entführten Jungen, wo auf zwölf Seiten Schrecken und Terror toben und wo außer dem möglichen Schnee keine Rettung angeboten wird. (Auch wirken aktuelle Fotos aus Manhattan jetzt wie eine Landschaft nach Schneetreiben.) In der Geschichte steht nichts vom freien Fall der Börsen. Es geht nur um einen einzigen Jungen – in einer vergessenen Kurzgeschichte eines vergessenen Autors – und nicht um 50000 Angestellte und die Menschen in den gekaperten Maschinen. Gemeinsam sind der Geschichte und der Katastrophe aber die blinden Götter, die nicht eingreifen.

Die Fotos: Panik in New York, kippende Stahlgerüste, »als hätte jemand mit einer Axt in einen Geburtstagskuchen gehackt« (FAZ, 13. September), leere Pfeiler – ein wenig erinnert es an Rossellinis »Germania anno zero«, also wie nach dem Krieg, nicht wie vor ihm. Und im Wall Street Journal drei Feuerwehrmänner, die im Begriff sind, das Sternenbanner hochzuziehen, in den staubigen, fast verwüsteten Himmel über New York.

(14. 9. 2001)

New Yorker Oberflächen

Nein, an Umfragen von »News« würde ich nicht teilnehmen. Ich kann auch nicht auf Anhieb die Lage von New York und andere globale Probleme benennen, es käme mir anmaßend vor. Die Oberflächen sind wichtig, nicht das Vorgeben von Bescheidwissen und Betroffenheit. So kaufte ich mir einen Reiseführer New York.

Der eben erschienene Merian-Band über New York bietet gleich auf dem Titelblatt »Reisen mit Erlebnis-Garantie«. Da in New York noch weniger als anderswo die Gefahr besteht, sich zu Tode zu langweilen, kann man diesem Angebot (und nicht erst nach dem 11. September) fast ohne Einschränkung trauen.

Gleich zu Beginn droht der Merian-Text in uneingeschränkte Begeisterung zu kippen: »Die heulenden Krankenwagen, die trompetenhaften Feuerwehren, selbstsicherer Luxus« wird Manhattan zugeschrieben. Einige Ratschläge: »Wirken Sie nicht schon von weitem ortsunkundig, meiden Sie nachts den Central Park und die Subway. Beliebte Gegenden sind sicherer«, heißt es. Wie beliebt ist seit dem 11. 9. die Südspitze Manhattans?

Der erste Wolkenkratzer entstand 1913 (Woolworth Building). Drei Jahre später erließ die Stadtverwaltung die erste Bauordnung Amerikas. Während der 30er-Jahre, bemerkt der Reiseführer erbittert, schleppten europäische Immigranten »den Virus des internationalen Stils« ein, es kam zu »Klötzen« und »Zigarrenkisten«. Doch wagemutige Architekten rissen rasch wieder ab, was ihnen mißfiel. Der Reiseführer: »Es kann Ihnen ohne weiteres passieren, daß Sie Ihre Hose von der Reinigung holen wollen, aber dann nicht nur das Geschäft verschwunden ist, sondern das ganze Haus.«

Die Hotels: Das Hotel Algonquin – »Lieblingshotel der literarischen Nostalgiker« –, das Essex House. Im Carlyle stieg John F. Kennedy ab, im Mayflower residieren Künstler. Wer seinen Freunden aber erzählen will, er hätte im Atlantik gebadet, geht erst einmal rasch nach Coney Island. Und wer Lust auf Kirchen hat, entdeckt unter den Heiligen an der Rückwand der neugotischen Thomas-Kirche George Washington.

Die Gesichtszüge der Freiheitsstatue (Miss Liberty) modellierte der Bildhauer Frédéric Auguste Bartholdi nach seiner Mutter. In den Towers Boonde, denen am 11. September nichts geschah, gibt es nicht nur die Juilliard School, sondern auch New Yorks größtes Schallplattengeschäft. Obwohl es auch St. John the Divine nicht gelungen ist, die September-Katastrophe zu verhindern, ist ihm die größte – noch unfertige – gotische Kirche der Welt gewidmet. 1892 wurde der Bau begonnen, Querschiff und Türme fehlen noch. Die Gottesdienste sind im Prinzip protestantisch, trotzdem wechseln dort buddhistische Begräbnisse mit Erntedankfesten und jüdischen Hochzeiten ab.

In der Radio City Music Hall liegt das größte Kino der Welt (5882 Plätze), zu Weihnachten treten Weihnachtsmann, Christkind und bekannte Tanzgruppen gleichzeitig auf. Mit dem Verschwinden der Passagierdampfer verfielen die meisten Piers. Und auch die Zwillingstürme des World Trade Center werden im Merian – noch ahnungslos – erwähnt: Das Dachrestaurant in Turm Nr. 1 solle man »in Jeans, Shorts oder Turnschuhen nicht betreten«. Dann wählt man lieber gleich die Kreuzgänge von fünf französischen Klöstern, die am Nordende von Manhattan zu einem einzigen verschmolzen wurden. Und außer den berühmten Museen sollte man ein abseitigeres nicht vergessen, das »Museum of the American Indians« (Waffen, Totempfähle, Hausgeräte, Masken) an der Südspitze Manhattans – es hätte leicht der Terroraktion vom letzten Dienstag zum Opfer fallen können.

Das hätte den gestrigen Besuch des nun über dreißig Jahre alten Films »Winnetou und Old Shatterhand« im Imperialkino – mit Lex Barker und Pierre Brice – dann doch etwas dringlicher gemacht, als er war. Aber auch diesem Film gelang es, sehr frühe Freuden zurückzurufen: In meinem einzigen »Stammbuch« (Album für Inschriften von Großeltern, Kusinen oder Schulfreundinnen) stand auf der letzten Seite, geschrieben von, wie mir eben einfällt, der Mitschülerin Gerti Lehner: »Mein lieber Bruder Shosh in Liet (Schlangentöter) möge Winnetou, den Häuptling der Apachen, nicht vergessen.«

(21. 9. 2001)

Die blaue Milch der Grünangergasse

Die Grünangergasse war im Krieg schon einige Reisen wert, jeder Weg konnte leicht zur Reise werden. Vom linken unteren Ende der Marc-Aurel-Straße, die bis heute nichts von ihrer Gottverlassenheit verloren hat, konnte man leicht – fast mit einem Katzensprung – das Hauptquartier der Gestapo erreichen, im ehemaligen, teuren »Hotel Metropol«. Aber nur wenige Katzen hätten den Sprung riskiert, denn die Wiener Gestapo galt im Reich als vorbildlich, selbst Katzen kamen dort leicht in Gefahr, ihr Augenlicht zu verlieren, ehe sie den ehrgeizigen Musterschülern dort ins Gesicht springen konnten. Diese Gestapo war still und anonym. Die Schreie und Kreuzverhöre landeten im Keller, aus dem die Weinvorräte auf den großzügig entworfenen Gestellen des Hotels rasch verschwanden.

Als man von Sigmund Freud vor seiner Emigration einen entlastenden Satz über die Wiener Gestapomethoden verlangte, schrieb er ihn, ohne zu zögern, hin: Er könne nicht anders, als diese Gestapo jedem zu empfehlen.

»Dr. Freud an Bord«, hörte ich, sooft ich ihn später ansah, im Film »Titanic« mit Kate Winslet und Leonardo DiCaprio, dem blassen und etwas aufgeschwemmten Helden der meisten Teenager. Aber Sigmund Freud gehört nicht zur Klientel der Titanic.

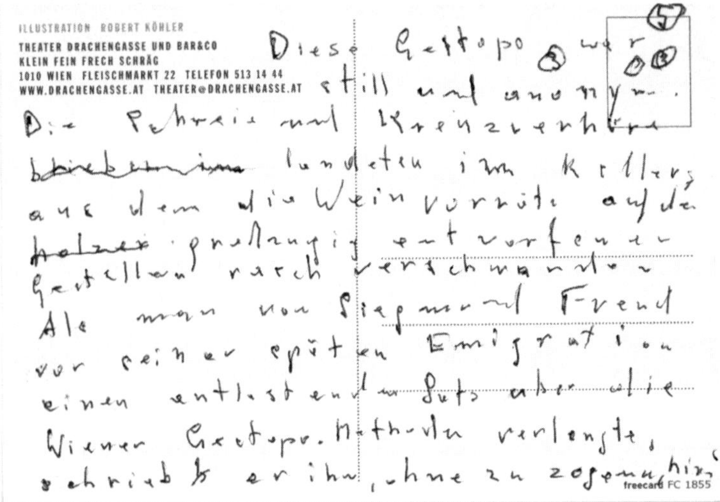

ILLUSTRATION ROBERT KÖHLER
THEATER DRACHENGASSE UND BAR&CO
KLEIN FEIN FRECH SCHRÄG
1010 WIEN FLEISCHMARKT 22 TELEFON 513 14 44
WWW.DRACHENGASSE.AT THEATER@DRACHENGASSE.AT

Diese Gestapo war still und anonym. Die Schreie und Kreuzverhöre landeten im Keller, aus dem die Weinvorräte auf den großzügig entworfenen Gestellen rasch verschwanden. Als man von Sigmund Freud vor seiner späten Emigration einen entlastenden Satz über die Wiener Gestapo-Methoden verlangte, schrieb er ihn, ohne zu zögern, hin:

freecard FC 1855

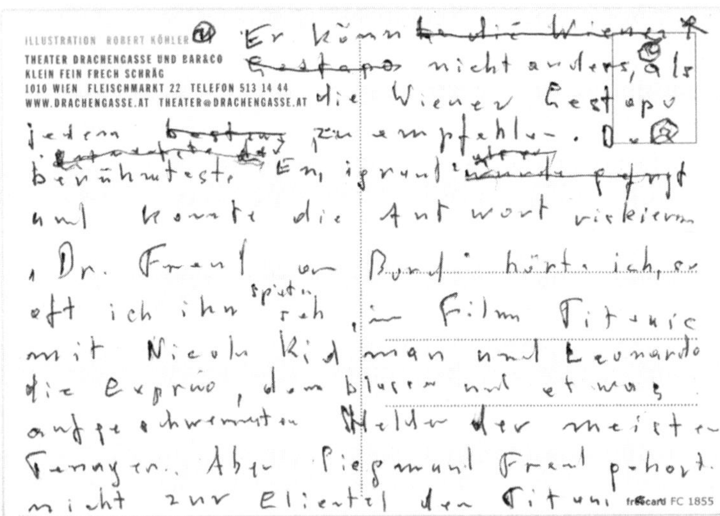

ILLUSTRATION ROBERT KÖHLER
THEATER DRACHENGASSE UND BAR&CO
KLEIN FEIN FRECH SCHRÄG
1010 WIEN FLEISCHMARKT 22 TELEFON 513 14 44
WWW.DRACHENGASSE.AT THEATER@DRACHENGASSE.AT

Er könne nicht anders, als die Wiener Gestapo jedem zu empfehlen. Der berühmteste Emigrant fragt und konnte die Antwort riskieren. „Dr. Freud an Bord" hörte ich, so oft ich ihn später sah, im Film Titanic mit Nicole Kidman und Leonardo di Caprio, dem blassen und etwas aufgeschwemmten Helden der meisten Teenager. Aber Sigmund Freud gehört nicht zur Clientel der Titanic

freecard FC 1855

Die Reise in die Grünangergasse entstand auf sechs Werbepostkarten

Auch seine sehr späte Flucht aus Wien gehört zu den unglaubwürdigen Reisen. Was danach mit der Berggasse 19 geschah, ist sicher verbucht. Aber in diese Gegend verirrte sich kaum, wer aus dem Fasanviertel kam, aus dem stillen dritten Bezirk. Auch was dort alles längst verlassen, zertrümmert, geplündert und verbrannt war, ist sicher verbucht.

Aber was wurde aus der Grünangergasse? Die Titanic erreichte New York nicht ohne ihre berühmte Katastrophe. Auch in Wien rissen die Katastrophen nicht ab. Aber sie blieben in der Verborgenheit, die den eigentlichen Katastrophen zusteht. Und wenige nahe Ziele blieben. Eins davon war die Grünangergasse, wo das Gasthaus »Zum grünen Anker« noch eine Weile seine Türen offenhielt und sein Besitzer die »U-Boote«, die ihm in Verstecken in seiner Nähe bekannt waren, nicht nur mit den besten seiner Weinvorräte versorgte.

Schräg gegenüber gab es statt der Rahmenhandlung, die später wieder auftauchte, einen Milchladen und täglich etwas dünne Milch, die blau schimmerte wie die Donau, wenn sie, selten, vereist war.

Diese blaue Milch wird bis zuletzt eines der unerreichbaren Ziele bleiben, die jeder nötig hat. Und das stille Pflaster der Grünangergasse.

(11. 1. 2002)

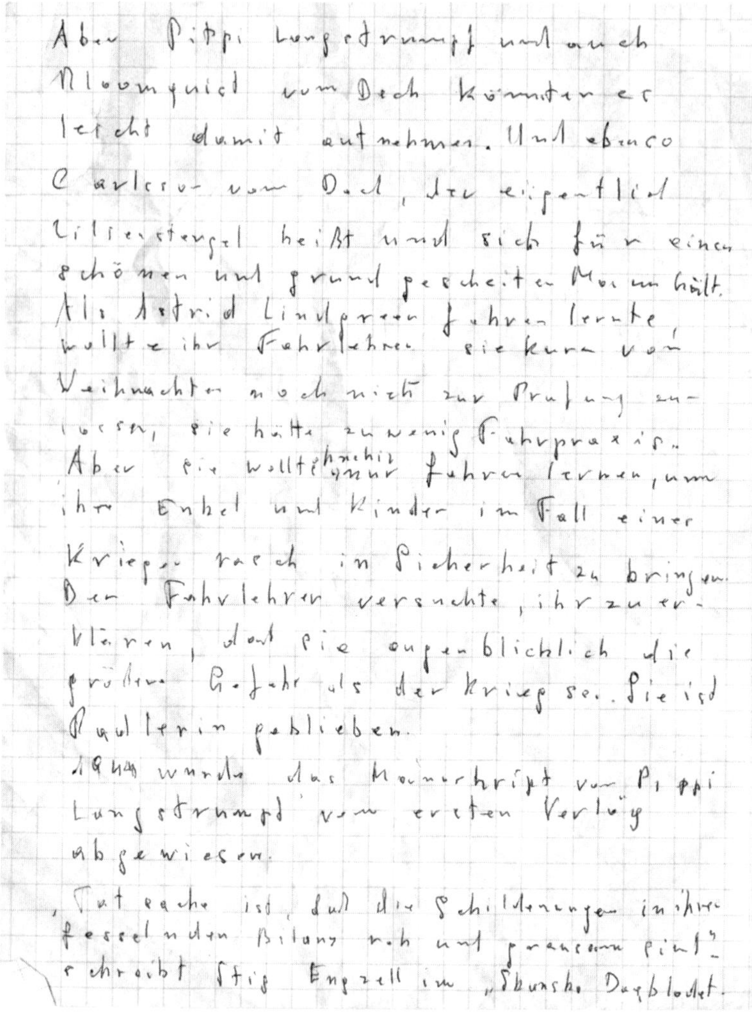
Aber Pippi Langstrumpf und auch Blomquist vom Dach könnten es leicht damit aufnehmen. Und ebenso Carlsson vom Dach, der eigentlich Lilienstengel heißt und sich für einen schönen und grundgescheiten Mann hält.
Als Astrid Lindgren fahren lernte, wollte ihr Fahrlehrer sie kurz vor Weihnachten noch nicht zur Prüfung zulassen, sie hätte zuwenig Fahrpraxis. Aber sie wollte schnell nur fahren lernen, um ihre Enkel und Kinder im Fall eines Krieges rasch in Sicherheit zu bringen. Der Fahrlehrer versuchte, ihr zu erklären, daß sie augenblicklich die größere Gefahr als der Krieg sei. Sie ist Radlerin geblieben.
1944 wurde das Manuskript von Pippi Langstrumpf vom ersten Verlag abgewiesen.
„Tatsache ist, daß die Schilderungen in ihrer fesselnden Bilanz roh und grausam sind", schreibt Stig Engzell im „Skanska Dagbladet".

Manuskriptfassung mit einer Anekdote über Astrid Lindgren als Fahrschülerin

Pippi Langstrumpf im »71er«-Wagen

Astrid Lindgrens Tod (wie der von Marlene Dietrich um die entscheidende Schattierung, auf die es ankommt, zu spät) verunsichert. Ihr Sterben verlief wie leichte Erdbeben, die schwereren vorausgehen oder sie verhindern: Ihre Freunde sagen, sie hätte, entkräftet, ihren Tod herbeigesehnt.

Noch ehe sie ihren Mann auf der königlichen Automobilbahn von Stockholm kennenlernte, hatte sie »Hunger« von Hamsun gelesen und von Hippolati gehört, der ein englisches Psalmenbuch erfand. Schon Hamsun war realistisch genug, um das Blaue vom Himmel herunterzulügen, einem Himmel, der in Wien selten blauer ist als der Donaukanal: Ich erinnere mich an einen unscharfen Fetzen Blau vor dreiundzwanzig Jahren über dem Dianabad und an wenige und stumme Angler in der Lobau.

Astrid Lindgrens Bruder beteiligte sich an einem Fischereiverband, und sie notiert, daß die Fische das ganz gut überstanden hätten. (Auf ihren langen stummen Reisen waren sie leicht zu töten, aber schwer aus der Bahn zu bringen.) Auch Pippi Langstrumpf, Lindgrens berühmteste Entdeckung, hätte das vergnügt festgestellt. Auch den Karlsson vom Dach, der eigentlich Lilienstengel heißt, hätte das nicht gewundert.

Längst hat Pippi Langstrumpf auch Wien erreicht, obwohl sie anarchisch genug ist, um »bei uns« schwer vorstellbar zu sein. Sie könnte mit ihrem Pferd und ihren übernatürlichen Kräften nicht nur die rascheste und frequentierteste Straßenbahn, die Linie 71 zum Zentralfriedhof – schon im August mit vielen schweren Kränzen unter der Notbremse –, überholen. Und es auf dem Rückweg noch rasch mit dem Fröbel-Kindergarten in der Brigittenau versuchen. Auch die Sandsteinfiguren von Karl Hemolah am Kapaunplatz und ihre blinde Riesenhaftigkeit könnten sie kaum erschrecken. Noch weniger das Alter, dem ihre Erfinderin sie nicht ausliefert.

»Sie löscht das Licht«, schließt Astrid Lindgren ihre Bücher. Aber Pippi wird leicht wieder erwachen, vielleicht nahe vom Girardipark, am Praterstern oder auf den achteckigen unbequemen Stufen der Spinnerin am Kreuz, zwischen steinernen Krabben und Kreuzblumen. Ruhmeshallen und Weiheräume wird sie nur als Passage verwenden. Am Alszunderbrunnen zum Gedenken an die Wiener Schrammeln wird ihr die Klarinette, »das picksüße Hölzel« des Vierten im Schrammelquartett, rasch zu süß sein.

Sie bleibt – unähnlich ihrer Erfinderin – ein unstetes Genie. Deshalb liebt sie – wie ihre Erfinderin – die Tiere, Affen, Hühner, eben Kletter- und Flattergeister: Diese werden auch für Pippis Schöpferin plädieren, zu deren 80. Geburtstag in Schweden eine »Lex Lindgren« zum Schutz der Tiere erlassen wurde.

Und was sagen die Lindgren, kurz nach ihrem Tod, und Pippi, die den Lederstrumpf in einen glücklicheren Langstrumpf verwandelt hat, kurz nach einer ihrer fraglosen Auferstehungen? Man sollte Pippi, die Pillen gegen das Erwachsenwerden nahm, das letzte Wort lassen: »Aber bedenkt mal, wenn ich gerade gelernt habe, wie viele Hottentotten es gibt, und einer davon bekommt Lungenentzündung und stirbt – dann war alles umsonst.«

Und damit verläßt sie Wien wieder, das Klappern fremder Sohlen und die Hottentotten der Inneren Stadt.

(1. 2. 2002)

Ausflug in die Wiener Anatomie

Unglaubwürdige Reisen – diesmal in das Wintersemester 1945/46, in die hellen Seziersäle der Wiener Anatomie: Sie wirkten fürs erste großzügig und weiträumig und gaben eine nicht übertriebene Hoffnung, eine eben zurückliegende ganz andere Erfahrung der wienerischen Anatomie (»unfaßbare Gewißheit«, wie Manès Sperber diese Vernichtung nennt) aus dem Kopf zu bekommen.

Der Kampf um Studiengebühren war noch nicht absehbar, eher der um die ersten Präparate. Viel wurde den Anfängern noch nicht zugemutet: Ich erinnere mich an Unterarme, davon gab es genug, die lagen in Wien herum. Der Demonstrator ging die Seziertische entlang, sah skeptisch darüber hinweg und sagte kein aufmunterndes Wort, nur seine abschätzigen Bemerkungen hielten, was er keinem versprach. Das verhalf selbst den oft primitiven unter seinen Studenten zu einer flüchtigen Unsicherheit: Sie waren ja großteils aus Familien, die etabliert waren, und welche hatten sich denn in den Jahren davor etabliert und welche nicht?

Sie benahmen sich mit wenigen glücklichen Ausnahmen eher wie eine Stammtischrunde. Die Seziertische mit den stillen Gliedmaßen und selbst die fehlenden Unterarme wirkten dagegen überlegen, fast distanziert.

Verließ man die Anatomie, bog um die Ecke und suchte nach einer Zigarette, so lag die Währinger Straße blank und still unter dem Himmel des neunten Bezirks, dem man eher traute als dem restlichen Wiener Himmel. Sigmund Freud war längst aus der steilen und auf den ersten Blick fast schnurgeraden Berggasse geflohen.

Einzelne Lichtblicke gab es auch damals und auch für den, der keinen Zugang zu den Zelebritäten der Zeit hatte oder haben wollte: Die Währinger Straße hinauf tauchte der Gertrudplatz auf, rechts die stille Edelhofgasse, links die Maynollogasse, die fast niemand kennt. Dort kamen wir, nach einigen vergeblichen Versuchen, die Wiener Behörden zu einem Ersatz für die 1938 geraubte Wohnung zu bewegen, in einer Eineinhalbzimmerwohnung unter. Sie lag nahe der Berggasse und nahe der Anatomie. Und bleibt für mich bis heute eine der glaubwürdigsten Adressen.

Die Eltern einer Kollegin – keiner medizinischen und noch weniger einer literarischen, sondern einer mit mir während des Krieges zwangsverpflichteten – hatten uns aufgenommen. Die Mutter hatte mich schon vor dem Kriegsende davon überzeugt, daß es nicht nur Tee, Schokolade und den britischen Militärzensor (sie hörte »Feindsender«) gab, sondern eine Form des Zivilen und der Courage – zwei Wörter, die heute leider oft zusammengenommen werden, so daß man kaum mehr erkennt, was jedes für sich und beide in einem einschließen. Und die denjenigen konsequent ausschließen, dem es auf beides – das Zivile und die Courage – ankäme. In diesem Fall war es vor allem die

Mutter der Kollegin, das neunte oder elfte Kind eines Schusters aus Hernals.

Schuster haben mich nicht erst seit H. C. Artmann, dem Schustersohn, und dem kommunistischen Schuster im frühesten Wiener Haus, in der Hohlweggasse, ermutigt: Sie blieben alle bei ihren Leisten, ohne sich über einen Leisten biegen zu lassen.

Sobald ich von der kleinen Wohnung in die Anatomie, später noch in die Histologie, Chemie und die damals noch skurrile, weil ganz primitive Physik geriet, wuchs nicht nur der Mut für die Betrachtung abgetrennter Unterarme, sondern auch der Wunsch, Wiener Gespräche so wörtlich und so ernst wie möglich zu nehmen. Geblieben ist die Neugier, die Lust an anderen Existenzformen, die täglich jeden Augenblick wieder so unglaubwürdig wie möglich machen.

(8. 3. 2002)

Durch den Kaukasus

Der Kaukasus, zwischen dem Schwarzen und dem Kaspischen Meer, an den Prometheus geschmiedet war, wo unterhalb des nordwestlichen Abhangs Jason mit den Argonauten landete und wo am Berg Ararat, einem eleganten, schneebedeckten Doppelkegel, Noah mit seiner Arche strandete und seine Tiere retten konnte, während der Rest absoff: Ansatzlos ragt der Ararat auch heute noch über 4000 Meter hoch aus der Ebene, bei guter Sicht ist auch der höchste, der Kusberg, zu erkennen, der Grenzberg zu Rußland.

Vom ersten heutigen Reisenden, dem Vater meines Großvaters, wußte man keinen bürgerlichen Namen, aber er bekam einen nachgeworfen, der gleich falsch geschrieben wurde – und dabei blieb es. Auch sein Vorname war eher ein Ruf als ein Rufname, keine Urkunde und kein Archiv wies ihn aus, keiner schrieb ihn richtig. Er gab auch keinem Antwort, der ihn danach fragte. Er hielt Viehherden am Fuß des Kaukasus, tauschte oder verkaufte sie und wollte für seine Kinder weniger ausgesetzte Berufe, keine Erinnerung an eine Nomadenexistenz, an den nördlichen Kaukasus, an das Leben auf Viehweiden.

Eines Tages wurde er unruhig, ließ seine Viehweiden zurück und ging vom nördlichen Kaukasus nach Galizien. Die Sorge, sein Sohn könnte wie andere An-

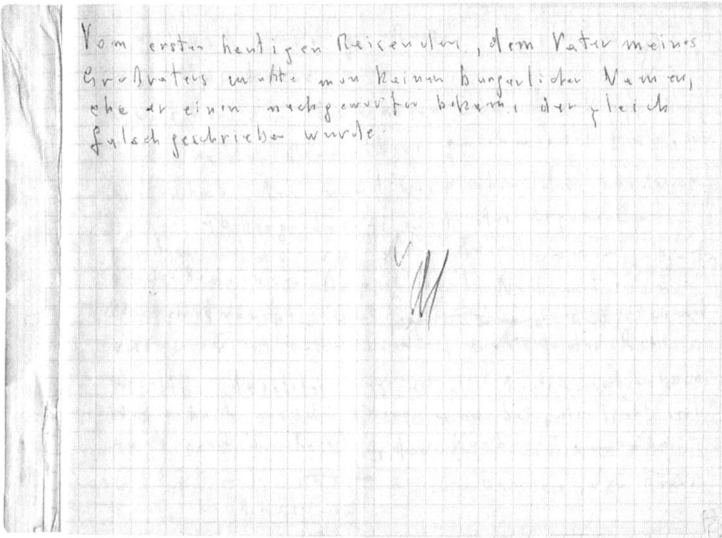
Vom ersten heutigen Reisenden, dem Vater meines Großvaters wußte man keinen bürgerlichen Namen, ehe er einen nachgeworfenen bekam, der gleich falsch geschrieben wurde.

Kaukasische Reise mit »Dziadzio« Kremer, dem Urgroßvater von Ilse Aichinger wärter auf eine Militärkarriere über die Stränge schlagen, war leider grundlos, und er ging ruhiger aus der Garnisonsstadt Lemberg wieder zu seinen Herden in den nördlichen Kaukasus zurück, in die Landschaft, aus der er kam, die ihn um einiges überragte und die er nicht begriff. Das verlangte auch keiner von ihm.

Auch der südliche Kaukasus war nicht sein Kaukasus, er wußte nichts von seinen Mythen, von den ersten Zeichen menschlicher Siedlungen um 40000 v. Chr., vom altsteinzeitlichen Obsidialhandel, vom Einfall der Araber in Palästina um 626 n. Chr. und wenig vom Krimkrieg. Kein Kreidekreis kam in sein Blickfeld, so weit trieb ihn sein Aufbruch nicht.

Aber der Funke sprang über, der Wunsch, weit zu gehen: »Reißausgehen« nannte Montesquieu, geboren zwischen elf und zwölf Uhr mittags des letzten Februar 1732 unserer jetzigen Zeitrechnung, Verhaltensweisen in Todesgefahr. Er nannte nicht die gängige und bis heute übliche Devise, mit der Streuner, Randfiguren und Dissidenten noch immer leicht bedacht werden: »Reißausnehmen«.

»Reißausgeher« aber nehmen nichts, sondern gehen, wann und wonach es ihnen ums Herz ist, und gehen auf und davon. Auch lange nach Montesquieu verabschieden sie sich oft kaum, brechen rasch auf und lassen zurück, was ihnen gehört und was ihnen nicht gehört, Angehörige, fremde Unterkünfte, Viehherden, Haustiere, ihren schlechten oder ihren guten Ruf.

Nicht nur unruhigen Viehhändlern, renitenten Aussteigern oder Paßüberquerern sollte man ein Ziel zumuten, für das eher die Brüder Humboldt stehen: glückliche und gelassene Reisende, über jeden Verdacht hinweg, Banausen zu sein.

(31. 5. 2002)

Sonntagsglück in Hetzendorf

Diese Reise war gleich unglaubwürdig: Vom Café Sperl, das bis heute an Sonntagen spät öffnet, durch die Goethegasse zur Oper, wo die Badener Bahn und die Linie 62 halbwegs nach Süden fahren, die Badener Bahn rasch und gezielt, die Linie 62 kam langsamer in Fahrt. Ihr Zögern war auch für den leichter zu begreifen, der es darauf anlegte, schwer zu begreifen und dem Glück nicht zu trauen. So entstand ein Konsens zwischen den Verkehrsbetrieben und den verborgenen Wünschen, die Straßenbahn gab dem Glück die nötige Zeit.

Das Ziel, die Jägerhausgasse in Hietzing, war zu kurz für das Glück, nur fünf Häuser, nur zwei Jahre. Die älteste Schwester unserer Mutter hatte mit den Ersparnissen, die sie aus ihrer Arbeit als Fremdsprachenkorrespondentin bei den »Veitscher Magnesitwerken« am Schwarzenbergplatz bezog, knapp vor Hitlers Einmarsch in der Jägerhausstraße eine kleine Wohnung gemietet, um dort mit unserer Großmutter zu leben.

An der Schloßparkmauer und dem Hetzendorfer Lichtspiel-Theater vorbei (auch eines der frühesten) zur Jägerhausgasse 21, ihrem ersten Haus: drei Stufen aus dem Vorgarten hinunter, ein unauffälliges Ziel unter dem Hetzendorfer Himmel. Die beiden Jahre, die

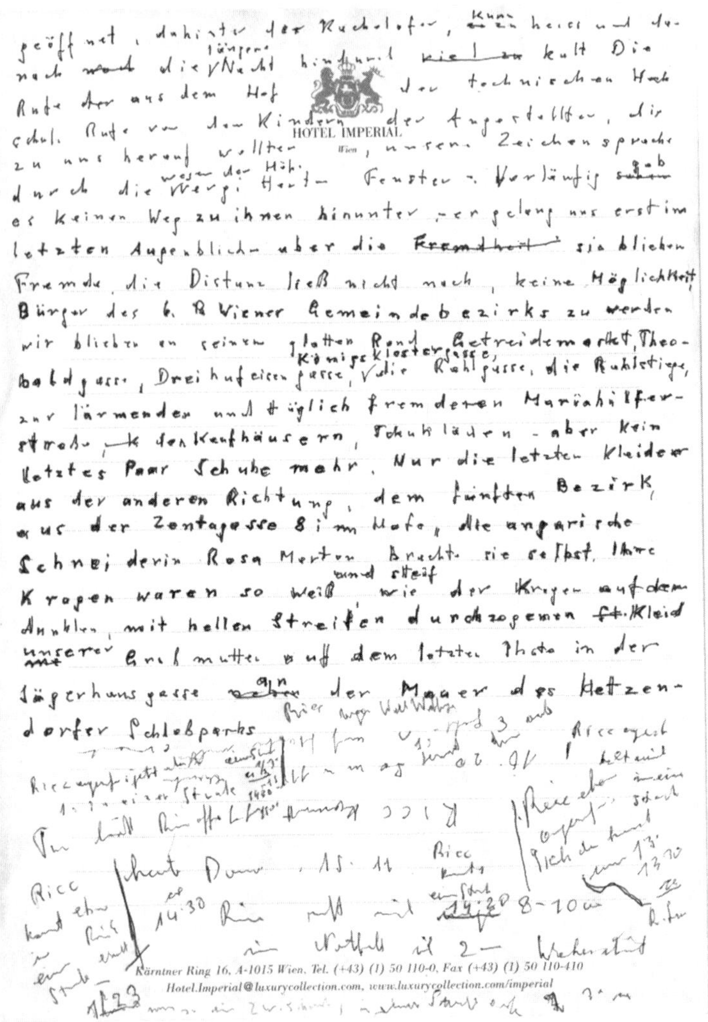
HOTEL IMPERIAL
Wien

geöffnet, dahinter der Kachelofen, kam heiss und trocken nach ~~...~~ die jüngere Nacht hindurch ~~viel zu~~ kalt. Die Rufe ~~der~~ aus dem Hof der technischen Hochschule, Rufe von den Kindern der Angestellten, die zu uns herauf wollten, unsere Zeichensprache durch die wegen der Höhe Vergi... Fenster. Vorläufig ~~...~~ gab es keinen Weg zu ihnen hinunter, es gelang uns erst im letzten Augenblick über die ~~Fremdheit~~ sie blieben Fremde, die Distanz ließ nicht nach, keine Möglichkeit, Bürger des 6. Wiener Gemeindebezirks zu werden, wir blieben an seinem glatten Rand, Getreidemarkt, Theobaldgasse, Dreihufeisengasse, Königsklostergasse, die Rahlgasse, die Rahlstiege, zur lärmenden und täglich fremderen Mariahilferstraße, den Kaufhäusern, Schuhläden – aber kein letztes Paar Schuhe mehr. Nur die letzten Kleider aus der anderen Richtung, dem fünften Bezirk, aus der Zentagasse 8 im Hofe, die ungarische Schneiderin Rosa Merten brachte sie selbst. Ihre Krägen waren so weiß und steif wie der Kragen auf dem dunklen, mit hellen Streifen durchzogenen ~~...~~ Kleid unserer Großmutter auf dem letzten Photo in der Jägerhausgasse ~~...~~ an der Mauer des Hetzendorfer Schloßparks

heute Donn. 15. 11

14.30 ... 8–10

Kärntner Ring 16, A-1015 Wien, Tel. (+43) (1) 50 110-0, Fax (+43) (1) 50 110-410
Hotel.Imperial@luxurycollection.com, www.luxurycollection.com/imperial

Im Café Imperial verfaßte, ungedruckte Textpassage aus »Sonntagsglück in Hetzendorf«

unsere Großmutter dort wohnte, blieben für sich, kein Schatten einer Zukunft.

Die Vermieterin in dem Siedlungshaus hieß Weber und stellte keine Fragen, keine nach »arisch« oder nicht, kein ausgestreckter Finger, begleitet vom Satz: »Das sind Juden.« Ich erinnere mich an ihren Blick: Er ließ jeden für sich und ging doch wie der von Stan Laurel quer durch ihr Gegenüber, auf die Gasse hinaus und quer hinüber zur Rosenkranz-Kirche. Deren Uhr gab den Augenblick an: 14 Uhr 35 (kein Abglanz von »two thirty«), unausdenkbar wie das absurde Gebäude selbst. Das Foto dieser Kirche im Band »Meidling« des Album-Verlags ist aus dem Jahr 1912. Die Rosenkranz-Kirche hielt nicht den Atem an, als die Titanic unterging. Sie blieb nur einfach stehen. Kaum zu glauben, wie dieses Ungetüm aus der Erinnerung taucht.

Von dem Haus in der Jägerhausgasse sah man quer über die Felder. Die milderten den Anblick. Aber vor allem half der Blickpunkt: die fünf Häuser der Jägerhausgasse hinter dem Hetzendorfer Schloß. Eins davon, das erste, hält bis heute eine Hetzjagd auf, die nicht erst 1938 begann.

Dort wohnte Frau Weber, die Frau eines Straßenbahnfahrers, mit ihrer elfjährigen Tochter. Die Wohnung darunter und den Garten überließ sie, ohne viel zu fragen, unserer Großmutter. Der Blick auf sie in diesem kleinen Garten an Sonntagnachmittagen zeigte sie glücklich. Ihr Haar war weiß, ihre Bewegungen sanft, ihre Angst und Ausgesetztheit kleiner, zweimal zwei Jahre blieben bis zur Deportation.

Von dem Haus in der Jägerhausgasse, von Frau Weber und ihrer elfjährigen Tochter blieben nach einem der letzten Luftangriffe nur das Grundstück an der Schloßmauer und der Schutt übrig, der inzwischen aufgeräumt ist.

(19. 7. 2002)

Die Hochsee mitten in Wien

»Das ist die Pestsäule«, sagte unlängst eine gehetzte Frau am Graben und zerrte ihren Kleinen weiter. Er rannte stumm hinter ihr her und sagte kein Wort mehr. Wieviel hatte er erfahren? Hätte sie ihm erklären sollen, was Pestsäulen bedeuten und weshalb auch Wien nicht ohne sie auskommt? Auch von den Wiener Fiakern erfährt man nicht viel mehr. Mütter, Fiaker, Reiseführer – wer sie fragt, kann ziemlich tief ins Vergessen geraten. Und das soll er vermutlich, es macht gegen weitere Fragen gefeit.

Die gestreßte Mutter hätte auch nicht gewußt, daß Pestsäulen wie Marterln am Wegrand weniger einer Identifikation mit den Verunglückten aufhelfen sollen als dem Triumph darüber, daß man selbst verschont geblieben ist. Wer wird wann und woran beim Anblick der verschiedenen Mahnmale gemahnt?

»Wer sind die?« fragte ein anderer Kleiner vor längerer Zeit und zeigte auf sein Ravensburger Bilderbuch. Er erfuhr es rasch: »Die ist die Liselotte, die ist die Annemarie, und die ist die Vera Cruz.« »Cruz«, sagte er nachdenklich und rannte in den Garten. Ganz ähnliche Informationen bekommt man von Reiseführern. Über einen Vorort von Santa Cruz heißt es in Merians »Westküste der USA«: »Ein typisch kalifornischer Strandort mit langem Pier, junger Surferszene und quirligen Cafés. Seafood und Fische fangfrisch,

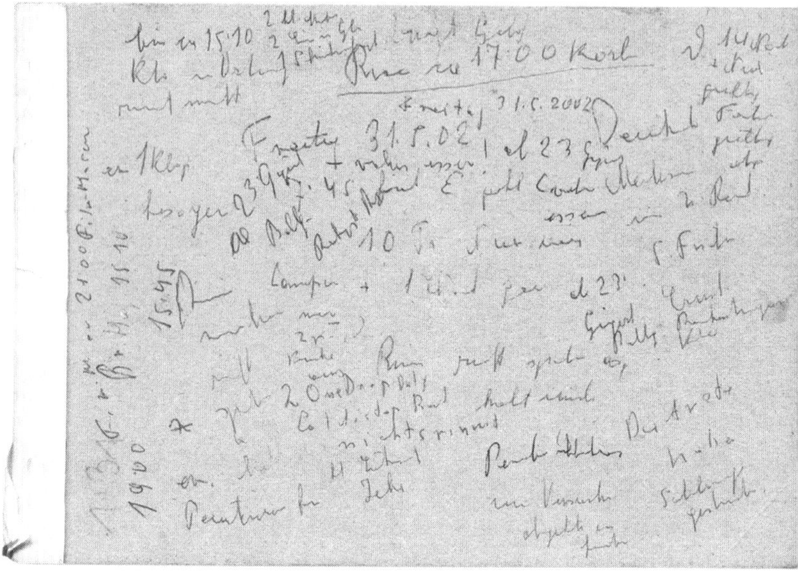

Verankerungen im aktuellen Tag, auf den Karton des Schreibblocks notiert: Wochentag und Datum, Kinotermine, Verabredungen, Besorgungsliste, Schlaftabletteninventur, aufgeschnappte Satzfetzen (»Die Ärzte haben Schlange gestanden«)

die Biere süffig.« – Soviel macht der Reiseführer klar: Man landet nach allen unnützen Strapazen genau da, wo man wollte.

Ich mußte gestern aber nicht an den Norden der kalifornischen Westküste, sondern nur ins Café Bräunerhof geraten, um eines der Ziele zu erreichen, die mir Wien begreiflich machen, und zugleich eins meiner frühesten: die nördlichen Meere.

Während ich im Bräunerhof nachlas, weshalb, wann und wie oft Kafka ins Kino gegangen war, kam vom Tisch schräg gegenüber jemand herüber: Otto Sander, kurz zu Dreharbeiten auf der Donau in Wien. Er hatte für mich, seit ich ihn vor fünfundzwanzig Jahren zum ersten Mal sah, gleich viel mit Theater, Film und der Hochsee zu tun.

In einem Hörspiel für den Stuttgarter Rundfunk, »Gare maritime«, spielte er einen Seegeist, der zuletzt mit seiner Freundin im Marinemuseum landet, ein Untergeher und Aufsteiger zugleich, der den Mut nicht verliert. Er ist der Absurdität gewachsen. Auch Sander, in Hannover geboren, aufgewachsen in Hannover und Kassel und nach dem Abitur zur Bundesmarine eingezogen. – Hochsee: das ist die einzige Sucht, die meiner Sucht nach dem Kino gewachsen ist: ein Ort ohne Heimatort.

Der Ort, an dem man für immer bleibt, wird ohnehin rasch der fremdeste von allen, ohne Absprungschanze, etwas für Ausbruchsversuche, aber zementiert wie die Hochsicherungs-Haftanstalten in den USA. Früher gab es »Heimatscheine«, um diesen Ort eindeutig zu definieren: Religion, Geburtsort, Zuständigkeitsbereich, rechteckig, blank und unzerstörbar, liniert und hellgelb wie ein ländlicher Sonntagsanzug.

Dieser amtliche Heimatgeruch erinnert mich jetzt an das »Bürgerschulgebäude« in Linz, schräg gegenüber der Herz-Jesu-Kirche, in der unser Vater Deutsch, Erdkunde, Geschichte und nach dem Krieg sogar Russisch unterrichtete. Er konnte kein Wort Russisch. Aber er ahnte, daß es wichtiger wäre, wenn die Inländer andere Sprachen lernen, anstatt von Ausländern Deutsch zu verlangen. Überhaupt war unser Vater sehr beweglich, er ging oft von Wien nach Linz und zurück, Schulden und Gläubiger blieben jeweils zurück. Zuletzt machte er sich von Hadersdorf-Weidlingau, das er »Hawai« nannte, wieder nach Linz auf und brach im Café Goethe – nicht zu weit vom St.-Barbara-Friedhof, auf dem Stifter liegt – zusammen. Man brachte ihn ins Linzer Landeskrankenhaus und vergitterte sein Bett. »Er hat die Bettangst«, erklärte die Stationsschwester und meinte die Todesangst.

»Die Bettangst«: Das ließe sich auch in »die Pestsäule« oder »das Landesirrenhaus« übersetzen, an deren Mauer wir an der Hand eines schizophrenen Kindermädchens oft gerieten: den freundlichen Irren schoben wir Blümchen durch die brüchige Mauer.

Ob die Mauern der Linzer Irrenanstalt der Sucht nach der Hochsee erst zum Ausbruch verhalfen? Die See war immer weiter als die Stadt und ohne Mauern. Und gestern tauchte sie wieder auf, die Hochsee, mitten in Wien.

(26. 7. 2002)

Hofmannsthal und die Viennabikes

»Und an alledem ist von Hofmannsthal schuld«: Der Satz fiel, im Blick auf die vielen Touristen in Salzburg, am sonnigen Salzachkai an einem freundlichen Augusttag in den sechziger Jahren und war von Günter Eich. Gilt er noch immer, galt er damals? »An alledem«?

»So lieb, diese Österreicher«, erklärt Thomas Gottschalk, »ich überleg' mir schon, hierher auszuwandern.« Hugo August Lorenz Hofmann, Edler von Hofmannsthal, wirkt schon im Vorschulalter, mit Gamaschen, Melone und Spazierstock, absolut nicht »lieb«; eine Spur ängstlich und ziemlich arrogant. In der Salesianergasse im schönsten Teil des dritten Bezirks, wo er zur Welt kam, wehen wieder die vier Fähnchen, die das Haus als Sehenswürdigkeit ausweisen, es ist frisch gestrichen. Auch Salzburg glänzt, und »es majestätelt wieder«, wie die Oberösterreichischen Nachrichten, neidlos oder nicht, feststellen.

Unter dem Titel »Geheimnis der Contemporanität« steht in Werner Volkes unerträglich devoter Bildmonographie ein frühes Detail, aus einem Brief an Arthur Schnitzler, 1900: »Und so will ich denn auch Ihm gern sagen, daß ich die Gerty im Lauf des nächsten Frühjahrs heiraten werde.« Gerty Schlesinger, Tochter des Generalsekretärs der anglo-österreichischen Bank. Dabei blieb es.

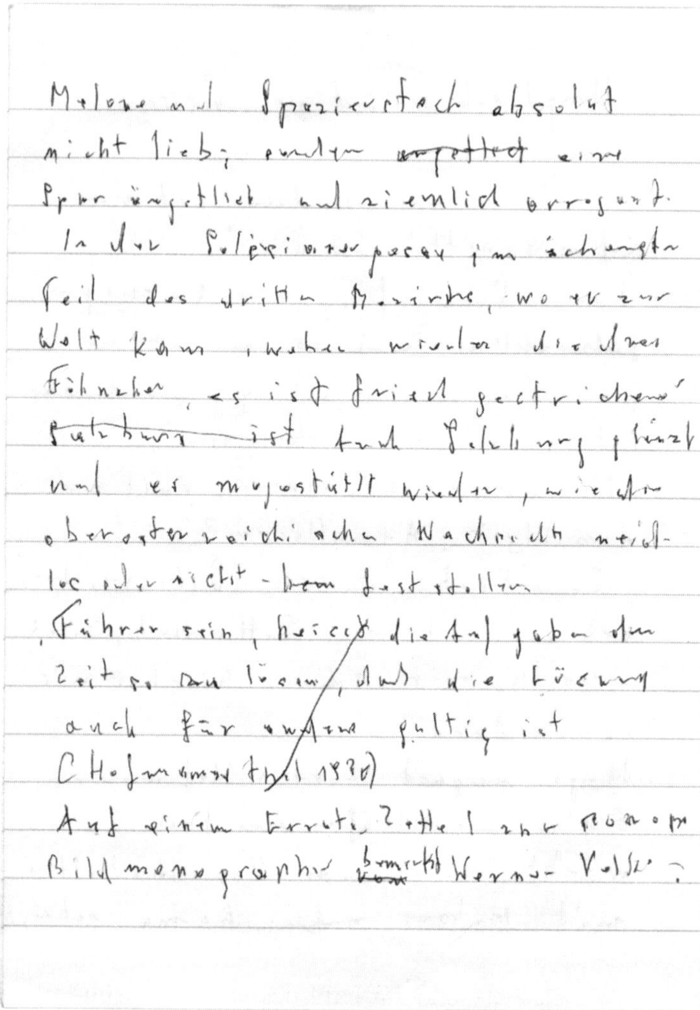
Melone und Spazierstock absolut
nicht lieb; sondern ~~ängstlich~~ eine
Spur ängstlich und ziemlich arrogant.
In der Salzgries-Passage im äußersten
Teil des dritten Bezirks, wo er zur
Welt kam, wehen wieder die Fahnen
Fähnchen, es ist frisch gestrichen,
~~Salzburg~~ ist auch Salzburg glänzt
und es majestätelt wieder, wie den
oberösterreichischen Nachrichten mühe-
los oder nicht – kann feststellen.
Führer sein, heißt die Aufgabe der
Zeit so zu lösen, daß die Lösung
auch für andere gültig ist
(Hofmannsthal 1930)
Auf einem Errata-Zettel zur Rowohlt-
Bildmonographie bemerkt Werner Volke:

»Hugo August Lorenz Hofmann, Edler von Hofmannsthal, wirkt schon im Vorschulalter, mit Gamaschen, Melone und Spazierstock, absolut nicht lieb«

Nicht weit von der Salesianergasse begegnete ich nach dem Krieg dieser Gerty, von der beim ersten Wiedersehen 1948 in London meine Schwester, die mit dem emigrierten Hofmannsthal-Sohn Raimund befreundet war, erzählt hatte. Sie war in Eile und von einem Mangel an Arroganz, den man, gerade in Wien, niemandem wünschen sollte. Kein Abglanz vom »Geistesleben der Nation als kontinuierlicher Prozeß der Selbstbewußtwerdung« oder gar vom »eigentlichen Kunstgedanken des bayrisch-österreichischen Stammes« (Hofmannsthal an Josef Nadler). In Nadlers »Literaturgeschichte der deutschen Stämme und Landschaften« findet sich Hofmannsthal »zu seiner unsäglichen Erquickung« bestätigt. Das fiele ihm in der heutigen Wiener Szene etwas schwerer:

Was finge er mit den Viennabikes und ihrem Mißbrauch an? Diesen Rädern, die jeder in Wien gratis verwenden, zerstören oder im Donaukanal versenken kann. Eine ursprünglich gute Idee, die hier, im Unterschied zu Amsterdam, schwer umgesetzt werden kann, weil man nicht daran dachte, daß Wiener geborene Vandalen sind.

Viel später als meine Schwester, die neben dem Hofmannsthal-Schlössel in Rodaun zur Hauptschule ging, versuchte ich, nach einem hölzernen Roller mit zwölf, ein geborgtes Fahrrad: Es wurde gleich, zwischen den Museen zu Füßen von Maria Theresia, gestohlen. Aber das gestohlene fremde Fahrrad half weiter: Die es mir geborgt hatte, verlangte es nicht zurück. Ohne Fahrrad konnte man dennoch auch weiterhin über die Reichsbrücke an die Donau kommen, wo sie reißend, kalt, aber unkontrolliert war. Dort hielten sich im Krieg auch die »Schlurfs« auf, Jugendliche, die, selbst Außenseiter, zu uns »outlaws« hielten.

Die Nacht danach war glücklich. Und selbst die längere Nacht danach ließ Wien an der Donau, an der es nicht liegt. Solche Träume wurden nicht demoliert und konnten einem nicht mehr genommen werden, anders als heute die armen Viennabikes.

(9. 8. 2002)

Die Hoffnung in Odessa und Hernals

Reise an die ukrainische Schwarzmeerküste und auf die Krim, zum Nikolausdom unweit der Hauptmoschee von Odessa. Das »Hotel London« mit »zwei raffiniert gestalteten Laternen« steht, wie der Reiseführer meint, für die Anziehungskraft Odessas. Dafür steht eher ein Dichter: »Jetzt ist es Frühherbst, eine ausgezeichnete Zeit«, schreibt Isaak Babel, »sonnig, still, die Urlauber sind abgereist.« Aber Babel ist geblieben. Er lebte, Sohn einer jüdischen Kaufmannsfamilie, auf der Modawenka, einer Vorstadt, die in den 20er-Jahren von Kleinkriminellen und windigen Geschäftsleuten geprägt war.

Konstantin Paustowskij schrieb über ihn: »Mir war noch nie ein Mensch begegnet, der einem Schriftsteller äußerlich so wenig ähnelte wie Babel. Gedrungen und des ererbten Odesseer Asthmas wegen fast ohne Hals, mit Entennase und faltiger Stirn, kleinen ölig glänzenden Augen – er wirkte wie ein Makler und nicht wie einer, der schreibt.«

1939 wurde Isaak Babel, jüdisch und – eine Variante von Stalins Todesurteilen – »ein Bohemien«, in Odessa verhaftet, am 27. Januar 1940 erschossen. Nur eine Hoffnung bleibt: daß der starke weiße Portwein Sarosch oft davor seine Welt versüßt hat (Zuckergehalt 9,5 Gramm auf 100 Kubikzentimeter).

Ein anderes Aroma entwickelten die Wiener Hausweine, die in den auf alten Fotos sichtbaren Hernalser

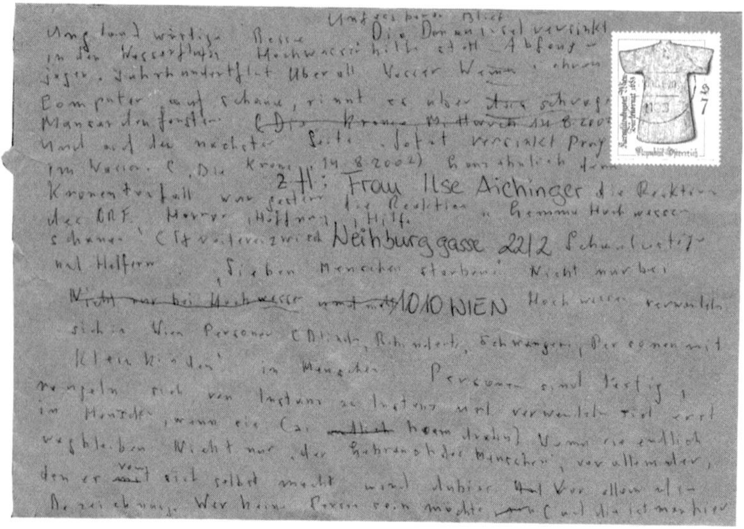

Einlangende Post wird zum Schreibpapier

»Etablissements« ausgeschenkt wurden. Die einzige mir bekannte »Aborigine« aus Hernals hat mir diesen Teil Wiens vertraut gemacht: Die zwölftjüngste Tochter eines Schusters, auf »Ludmilla« getauft, was sich erst langsam in »Melly« verwandelte, Melly Welzl.

»Das schickt dir meine Mutter«, sagte die neben mir in der Apothekenbuchstelle, wo wir zwangsverpflichtet waren, arbeitende Tochter der Melly Welzl und schob eine Tüte mit Darjeelingtee und Schokolade auf meinen Tisch. Allein das Wort »Darjeeling« löste fast Euphorien aus. Tee und Schokolade landeten im zugewiesenen Zimmer einer Wohnung im vierten Stockwerk an der Ecke Marc-Aurel-Straße zum Morzinplatz. Kurz darauf fielen auf das Haus gegenüber, auf die Gestapo, Bomben, und als ich daraufhin durch die Stadt lief, sagte ein Herr: »Strahlen Sie nicht, sonst werden Sie jetzt noch verhaftet.«

Melly Welzl nahm meine Mutter und mich bei Kriegsende in ihre winzige Eineinhalbzimmerwohnung in Hernals auf. Sie hätte auch Isaak Babel geholfen. Sicher: Hernals ist nicht Odessa, kein Meer brandet gegen das ehemalige »Offizierstöchter-Bildungsinstitut«. Aber auf dem Weg hatte ich ein totes Pferd gesehen. Das gab einen ersten Satz: »Als Ellen aus dem Keller kroch, sah sie linkerhand ein totes Pferd.« Und ich begann frühmorgens an Melly Welzls kleinem weißen Küchentisch, während sie mit ihrem Mann noch am Boden schlief – denn das Bett hatten sie uns überlassen –, »Die größere Hoffnung« zu schreiben.

(30. 8. 2002)

Auf der Rückseite dieses Rätselheft-Covers entstand die »Reise in die Langeweile«

Eine Reise in die Langeweile

Robert Musil in »Grigia«: »Es gibt im Leben eine Zeit, wo es sich auffallend verlangsamt, als zögerte es weiterzugehen oder wollte seine Richtung ändern. Es mag sein, daß einem in dieser Zeit leichter ein Unglück zustößt.«

Ja. Ein Jahr ist so kurz, und eine Stunde kann sehr viel länger sein. Wie in der Schule die Physikstunden nie enden wollten und die Turnstunden mit den hellweißen Bällen beim Volleyball so schnell wegflogen. Aber nicht nur für das einzelne Leben gilt das, sondern auch für eine ganze Gesellschaft. Die große Leere wird panisch mit großer Aktivität – Reisen, Sektierertum, Radikalisierung – gefüllt.

Musil schrieb seinen Satz im Rückblick auf den Ersten Weltkrieg und in der Ahnung eines kommenden. Ich erinnere mich an die Bilder vom Kriegsausbruch: Rowdies, die endlich ihre Langeweile loszuwerden glaubten, indem sie auf andere trampelten.

Wichtig wäre es, mit der Langeweile im eigenen und im kollektiven Leben umgehen zu lernen, die scheinbare oder wirkliche Bewegungslosigkeit nicht mit erfundenen Aktivitäten und Betriebsamkeit vollzustopfen. Einmal nicht zu reisen, sondern die Landschaft vor dem Fenster oder die Landschaft des eigenen Lebens auf sich zukommen zu lassen.

(6. 9. 2002)

Mit Franz Grillparzer in die Brigittenau

Gestern: Röntgenkontrolle im Lorenz-Böhler-Unfallkrankenhaus im 20. Bezirk: Beginn, Aufenthalt oder Ende einiger unglaubwürdiger Reisen.

Da sah ich eine fast noch unglaubwürdigere Reisende, als ich es bin: Sie lag eine Weile im violettroten Sonntagskleid, hellen Socken und schwarzem Unterrock auf der Bahre neben mir und versuchte, von dorther ihre Lage zu überschauen. Der Himmel ließ sie wie die niedrige Decke der Röntgenstation exakt da, wo sie war: nicht außer sich, nicht bei sich und nicht für sich. Ihr Blick nahm von dem, das sie umgab, nichts zur Kenntnis und änderte sich so wenig wie der Deckenanstrich und das mit dem wachsenden Vormittag beschleunigte Tempo der Pfleger.

Was sie aber heraushob und auffiel, war ihre fast vollkommene Ungezieltheit, nicht Ziellosigkeit, sondern eine wie von Geburt mitgegebene Existenz ohne Ausrichtung. Fast wie die Aufräumfrauen, die in sich versunken sind und fast verwachsen mit den polierten Rändern von Glasschränken, in die sie immer tiefer einzusacken scheinen. Ob ihre Reiseausrüstung, der Körper und alles andere, vorgegeben war oder nicht: Sie war jedenfalls unzureichend, half keiner Reise und dieser in den zwanzigsten Wiener Gemeindebezirk noch weniger als allen übrigen.

Immer wieder war ich in Gedanken versucht, ihre

unglückliche Figur und ihre Lage auf der Krankenhausbahre in eins zu setzen. Das besorgten statt mir kurz darauf die raschen Träger. Doch noch ein Beobachter tauchte auf, der arme Spielmann von Franz Grillparzer, den ich gleich darauf wieder las: Wie er die Brücke in die Brigittenau überquert, in die »mit dem Augarten, der Leopoldstadt, dem Prater in ununterbrochener Lustreihe zusammenhängende Brigittenau, die ihre Kirchweih feiert. Eine wogende Menge erfüllt die Straßen. Geräusch von Fußtritten, Gemurmel von Sprechenden, das hie und da ein lauter Ausruf durchzuckt.«

Diese Stimmung der Gemeinsamkeit wird konterkariert vom einsamen Spielmann und von seinem jetzigen hageren Gegenstück, der violetten Dame auf der Bahre. In diesem »Aufruhr der Freude«, in der, so Grillparzer, »zwei Ströme, die alte Donau und die geschwollnere Woge des Volks, sich kreuzend quer unter- und übereinander« bewegen, steht der arme Spielmann, dünn, in verschlissener Kleidung, Hand und Fuß von auffallender Zartheit, wie die Frau neben mir. Grillparzer schreibt, wie aus dem Plutarch lese er »aus den heitern und heimlich bekümmerten Gesichtern, dem lebhaften oder gedrückten Gange die Biographien der unberühmten Menschen zusammen« – was würde er zu dieser Frau in ihrem violetten Kleid am Spitalsgang sagen?

Zum Geigenspiel des Spielmannes bemerkt Grillparzer, daß die Töne seiner Violine »jetzt bis zur Ununterscheidbarkeit gedämpft« seien. Bei dieser Ununterscheidbarkeit wird es Zeit, die gemeinsame Reise aufzugeben. Noch mehr für den, der schon seit elf Tagen zu den Brigittenauern gehört: ein Status, der ihm bisher unerreichbar schien.

(13. 9. 2002)

Eine Reise nach »fort«

»Fort« heißt fort. Kein Weg zurück. Ob ins Kino, zum Skifahren oder zum nächsten Badesee, ob nach Venedig oder ins Salzkammergut – man ist »fortgegangen«.

»Ich verabschiede mich«, hörte ich unlängst im Stadtpark. Das könnte heißen: »Ich gebe mir den Abschied, einen ohne Wiederkehr.«

Ob ich im Mondsee ertrinke – was in Zeitabständen immer wieder ganzen Familien passiert –, ein Schneebrett lostrete oder rund um Verdun liegenbleibe: »Fort« braucht keine Namen, es muß sich nicht schmücken, nicht feierlich aus der Taufe gehoben werden, keine Freuden- oder Schmerzenstränen auslösen: Es steht für sich.

Aus Agatha Christies Biographie erfährt man, daß sie einmal drei Wochen lang verschwand, wieder an die ihr gemäße Oberfläche kam und nicht gefragt werden wollte, wo sie war. Entscheidend bleibt zuletzt doch: Sie war fort wie eine ihrer Figuren, zum Beispiel Hochwürden (später Kanonikus) Pennyfather oder die amerikanische Freundin Mrs. McAllister aus Boston, in den Zimmern Nr. 1 und Nr. 22, mit oder ohne Bad, in »Bertram's Hotel« im Herzen Londons, in der Nähe des Hyde-Parks.

Auch Agatha Christie hatte eine Wohnung in dieser Gegend, nicht weit von »St. Theresa's Home«, wo spanische Nonnen, die seit Jahrzehnten dort leben, immer noch ein sehr gebrochenes Englisch sprechen.

Doch kein Zentrum, keine Metropole kann sich mit »fort« messen. Man kann nichts daran steigern oder abschwächen: Fort ist fort.

(20. 9. 2002)

Danzig, zum Geburtstag von Günter Grass

Günter Grass hat das Glück, schon früh eine überwältigende Landschaft um sich gehabt zu haben, Danzig und nicht Steinach-Irdning oder Floridsdorf. Und er kann gut tanzen. Ein Vergnügen, schon vor Jahrzehnten, ihn dabei zu beobachten, mit wem immer, auch mit allen. Wer stand ihm in seiner Kindheit bei, und hatte er einen nötig, der ihm beistand? Das fragte ich mich, als wir uns Ende der 50er-Jahre in der Gruppe 47 kennenlernten. Doch eigenartig, gerade im Kontrast zum Bild, das sich später die Öffentlichkeit von ihm machte: Der Eindruck, daß er verlassen werden könnte und verletzbar sei, überwog.

Allerdings auch, daß er Exzesse gut verstand, aber auch verstand, ihnen zu entgehen, gerade wenn sie ihn betrafen. Möglich, daß er stärker schien, als er sich fühlte, aber auch das war angemessen. Während der Tagungen der Gruppe konnte er bei ärgerlichen Texten rasch auffahren, aber autark, nicht im Rudel wie die Berufskritiker, die sich immer lauter in die Treffen hineinmischten.

Hier in Floridsdorf, in einer Klinik für Knochenbrüche, gibt es keinen leichten Horizont, keine Ostsee, keine Hansestadt. Nur weg. Vielleicht ist nur aus dem nördlichen Himmel heraus die Gelassenheit eines Grass möglich. Dabei wirkte er damals auf mich gar nicht hanseatisch, sondern eher wie aus dem Midi. Was

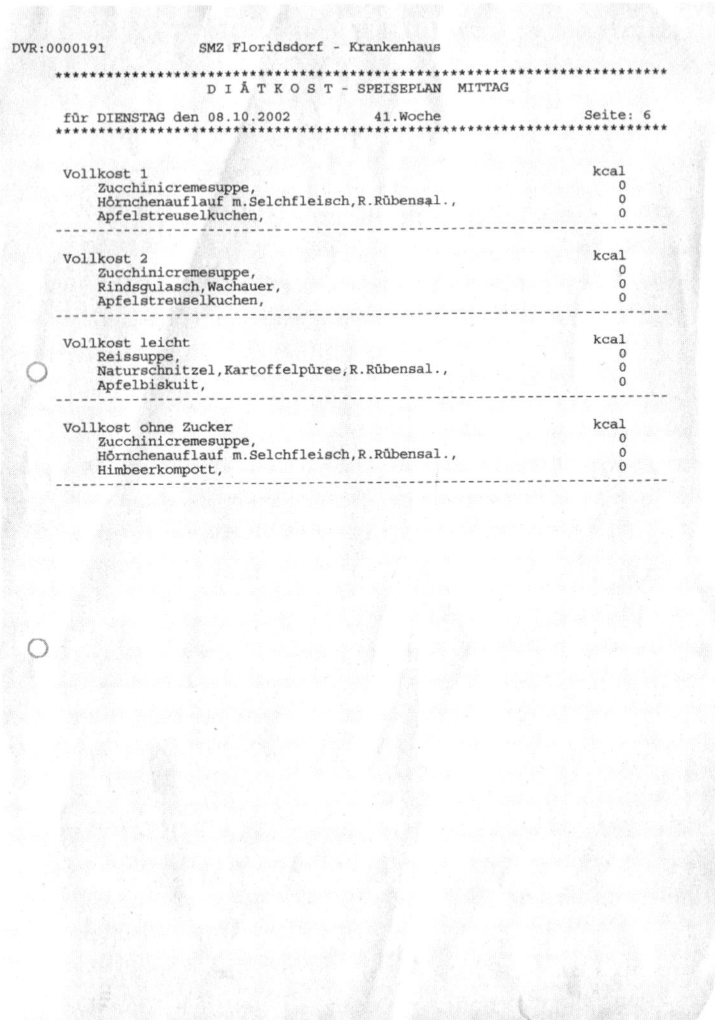

DVR:0000191 SMZ Floridsdorf - Krankenhaus

D I Ä T K O S T - SPEISEPLAN MITTAG

für DIENSTAG den 08.10.2002 41.Woche Seite: 6

Vollkost 1	kcal
Zucchinicremesuppe,	0
Hörnchenauflauf m.Selchfleisch,R.Rübensal.,	0
Apfelstreuselkuchen,	0

Vollkost 2	kcal
Zucchinicremesuppe,	0
Rindsgulasch,Wachauer,	0
Apfelstreuselkuchen,	0

Vollkost leicht	kcal
Reissuppe,	0
Naturschnitzel,Kartoffelpüree,R.Rübensal.,	0
Apfelbiskuit,	0

Vollkost ohne Zucker	kcal
Zucchinicremesuppe,	0
Hörnchenauflauf m.Selchfleisch,R.Rübensal.,	0
Himbeerkompott,	0

Im Rehabilitationszentrum Wien-Floridsdorf schrieb Ilse Aichinger auf der Rückseite des Diätkost-Speiseplans Erinnerungen an Günter Grass – mit »gebückten Frauen, die Rüben oder Kartoffeln suchen«

wäre gewesen, wenn fünfzehn Jahre davor sein Oskar Matzerath aus Danzig die verfolgte Gruppe um meine Ellen in Wien getroffen hätte? Hätte der Rhythmus seiner Trommel den Rhythmus der Transporte über die Schwedenbrücke wenigstens ein wenig aus dem Gleichmaß bringen können? Matzerath kam von der Ostsee. Er kann seine Angst nach außen werfen, Ellen nicht.

Einmal schenkte mir Günter Grass eine seiner Zeichnungen, entstanden in seiner Zeit in Kalkutta: gebückte Frauen, die Rüben oder Kartoffeln suchen. Die hoffen noch immer.

Sein Maß an Lebensfähigkeit, seine Unfähigkeit, Herdentrieben nachzugeben. Bei einer späten Tagung der Gruppe 47 erschienen ihm einige der Gedichte, die ich vorlas, düster. »Da muß etwas geschehen«, sagte er. Er hat es inzwischen geschehen lassen.

(18. 10. 2002)

Aus der Geschichte der Trennungen

Eine Abreise. Der 4. Juli 1939. Meine Zwillingsschwester floh mit einem der letzten Kindertransporte, organisiert von den Quäkern, für immer nach England. Aus dem vierten Stock in der Gumpendorfer Straße lief sie noch einmal zurück in die Hohlweggasse, um Abschied zu nehmen.

Aus der Ödigkeit, die für uns Gumpendorf bedeutete, aus der Hausnummer 5 A, wo im letzten Stock ohne Lift die demzufolge immer schon leere Ordination unserer Mutter lag, zur Hausnummer 1 in der Hohlweggasse, wo zum letzten Mal, bevor die Wohnung enteignet und ihre Bewohner ermordet wurden – wer lebt übrigens heute dort? –, alle zusammenkamen, um Abschied zu nehmen: von meiner Schwester, wie sie dachten, und für kurz; voneinander aber, wie sich 1942 herausstellte, und für immer.

Die Abreise erfolgte Samstag. Wie läßt sich der Abschied qualifizieren, vor einem Ausmaß schützen, das ihn aus der Reihe bringt? Wie hindert man ihn, zum Vexierbild zu verkommen, das ihn weniger kraß macht und aus der Bodenlosigkeit reißt? Wie wird die Lücke, die jahrzehntelang klafft, konstruktiv, ohne Querverbindungen und Rettungen zu suchen, die nicht mehr möglich sind?

»Der Wirklichkeit wird so sehr zugesetzt, daß sie Farbe bekennen muß.« (Walter Benjamin) Nichts mehr ist zwanglos. Die Nummer »201« baumelte an der hellen Schnur als Erkennungsschild an meiner Schwester. Sie hatte, als sie an diesem 4. Juli 1939 in den Zug mit den anderen Kindern stieg, keine Violine bei sich: nicht alle jüdischen Kinder sind, wie es Gastfamilien klischeehaft gerne glaubten, musikalisch, nicht alle lesen. Auf einem Foto dieses Tages läuft Helga noch einmal über den grauen Rennweg, an der polnischen Kirche vorbei, eine diffuse, fast ängstliche Hoffnung im Blick. Es sollte ein Aufbruch aus dem grauen Wien sein, wir alle wollten nach England nachkommen.

Meine Schwester hatte sich immer geweigert, das zu lernen, was die Schule ihr vorgab. Nicht für die Schule, sondern für das Leben lernen wir. Zu spät immer. Sie wollte auch nicht erfahren, weshalb Äpfel zu Boden fallen, und die fielen im feuchten England noch rascher ins nasse Gras. Sie fieberte ihrem England entgegen, das letzte Lebewohl war nicht als das letzte gedacht. Unsere Tante, vor dem Einmarsch eine Fremdsprachenkorrespondentin bei den »Veitscher Magnesitwerken« am Schwarzenbergplatz, war schon in England und dachte immer an uns und unsere Großmutter, mit der sie bis zuletzt gelebt hatte. Im Krieg kaufte »Auntie« in London Kleider für sie. Bis zu ihrem eigenen Tod bewahrte sie diese Kleider auf. Seit dem 6. 5. 1942, als der Deportationszug nach Minsk abfuhr, hätte niemand sie mehr tragen können.

(8. 11. 2002)

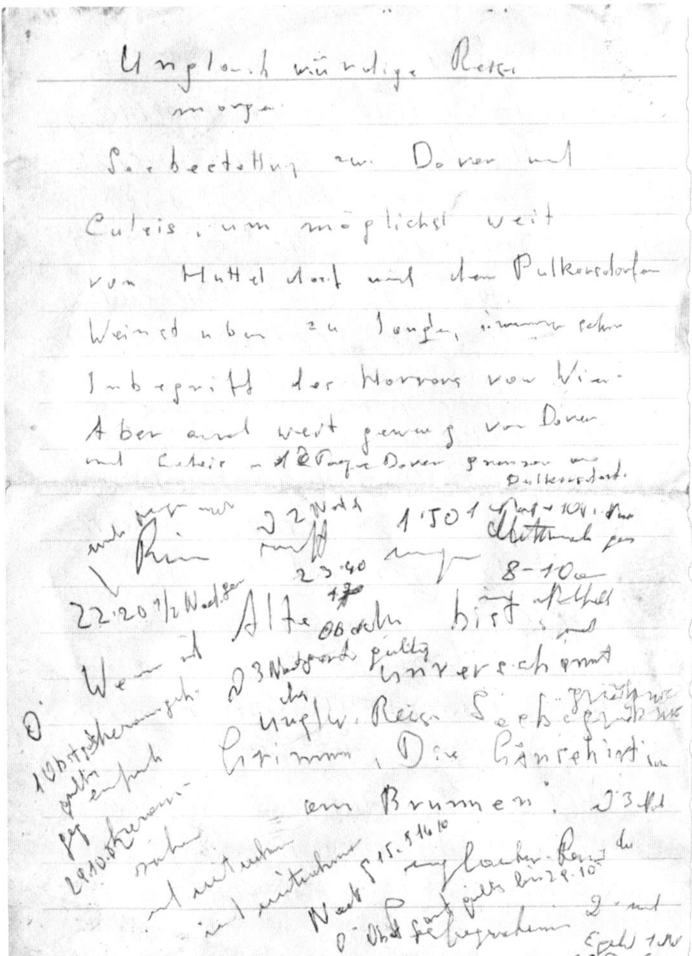

Unglaublich würdige Reise
morgen
Seebestattung zw. Dover und
Calais, um möglichst weit
von Hütteldorf und den Pulkersdorfer
Weinstuben zu landen, immer schon
Inbegriff des Horrors von Wien.
Aber auch weit genug von Dover
und Calais – 12 Tage Dover grenzen an
Pulkersdorf.

»Seebestattung zw. Dover und Calais, um möglichst weit von Hütteldorf und den Pulkersdorfer Weinstuben zu landen, immer schon Inbegriff des Horrors von Wien – Aber auch weit genug von Dover und Calais – 12 Tage Dover grenzen an Pulkersdorf.«

Eine Lobrede auf England

»A corner on a foreign field must be forever England«, las ich auf einem britischen Soldatenfriedhof in Bayern. Mir werden die künstlichen Verbindungsteile aus englischer Produktion genügen müssen, die mir bei einer Knochenoperation eingesetzt wurden.

Man hat wenig Wahl. England ist auch nicht verwandt, sondern extrem unverwandt. Aber die Kreide, die man in Algebra oder Geometrie leicht knirschen hörte, konnte von den »white cliffs« herrühren (»When the war is over / the white cliffs of Dover / … / and Johnny will lay in his own little cot again«), und das machte die Langeweile in den Rechenstunden erträglich.

England blieb: die Queen, die junge Agatha Christie, deren möglicherweise sogar geglückter Hofknicks, die Isle of Wight mit den Festivals, die Beatlemania – ihre Anbetung hielt bei mir auch an, als sie längst nicht mehr up to date waren. Nicht erst, als meine Schwester siebzehnjährig nach England floh, zog es mich dorthin. Inzwischen hat sie ein Urenkelkind, das Roxanne heißt – ich muß es nicht sehen, aber seine ersten Schritte, seine Rufe, selbst seine Schreie müssen von nun ab helfen, damit fertig zu werden, daß ich in einem Binnenland zur Welt kam und möglicherweise dort sterben werde.

»Leben will ich hier, schlafen will ich in Wien«, erklärte die ältere Schwester meiner Mutter, als ich von ihr 1938 Abschied nahm. Und nicht nur sie, auch ihr Kater schläft inzwischen auf dem letzten Friedhof, viertes Tor, Reihe 8, Grabpflege Anna Diner. Während ich, gegen alle Vernunft, ein Seebegräbnis überlege, was wohl nicht möglich sein wird, zwischen Dover und Calais, wo vermutlich keine Schiffe mehr verkehren.

Prinz Charles und seine Affären beschäftigen mich ebenso wie einige andere einfache Leser. Eine alte, sehr dicke Bauernmagd sagte in einem entsprechenden Fachgespräch schon vor fünfzehn Jahren über ihn: »Dieser Schürzenjäger!« – Und noch immer wünsche ich mich in das Wachsfigurenkabinett von Madame Tussaud zurück, in den Westbourn Court nahe der Paddington Station, sehe die blanken, nassen Gleise sechs Stockwerke tiefer, unter der Nachkriegswohnung meiner Schwester, erinnere mich an die Edgware Road, die Hornton Street später, die Lynos Corner Houses und den Seenebel, der oft zwischen alle Ritzen drang.

Ich erinnere mich an die Vorgärten mit den Hortensien und Tulpen, oft noch spät im Jahr. Auch an die vielen dunkel- und mittelgrauen Kleider, die die ältere Schwester unserer Mutter an einer Schnur in ihrem Pensionszimmer für unsere Großmutter untergebracht hatte. Die kam nie mehr, und »Auntie« fragte auch nie mehr nach ihr. Ich denke, daß ich doch noch einmal in die Hauptstadt von Weißrußland fahren werde, wo sicher niemand ankam.

Unlängst sah ich Minsk in einer Fernsehvorschau.

Eine große Stadt mit U-Bahn-Stationen, raschen Zügen und eiligen Passanten, einer Akademie der Künste und einer der Wissenschaften, schnellen Straßenbahnen.

»Meine Mutter trug mich aus den schwarzen Wäldern«, schreibt Brecht von Augsburg und seinen Rändern. Meine Schwester und ich kamen in Wien zur Welt, niemand mußte uns weit tragen, und es gab in diesen Gegenden auch keine schwarzen Wälder, die fehlen dem Wienerwald und seiner Höhenstraße. Aber was fehlt, öffnet das Land, und die Stadt gibt jeder entlegenen Idee Flügel und läßt eine Beziehung nicht einschlafen, die rettend geworden ist: die zu Großbritannien, dem »merry old England«, das nur einen von uns allen retten konnte. Und damit doch jeden einzelnen.

Wenn ich morgen aufwache, werde ich seinen Nebel durch die Fenster- und Türritzen dringen spüren und ein Glück, das von Tag zu Tag kräftiger wird: das Glück, da zu bleiben, wo man sich eben nicht aufhält. Ich werde mich nie mehr in England aufhalten. Und deshalb kann ich nie mehr davon verlassen werden: von seinen erstaunlichen Farben, seinen Trends, seinen Moden, seinen Manien, die mir eine Weltvernunft bezeugen, die unvernünftig genug ist.

(15. 11. 2002)

Canetti im nassen englischen Wind

1948 brach ich, bis heute unglaublich und glaubwürdig, nach England auf, wo meine Schwester und die Schwester meiner Mutter zehn Jahre zuvor – unfreiwillige Reisende, doch für immer freiwillige Engländer – gelandet waren. Von Paddington Station drang der Rauch der Lokomotiven zu uns, in unserer einzigen englischen Silvesternacht pfiffen sie herauf. Das Glück reichte leicht, das Geld nicht. Auntie, wie unsere Tante seit dem März 1938 von uns genannt wurde, brachte mich in einer Knopffabrik unter.

Ich höre noch die Rufe von Jane, Joan und June, als »Vernon«, »Jack« und »Emmy« – drei häßliche Porzellanknöpfe: jeder erzeugte Knopf trug einen Namen – auf den Holzboden der Knopffabrik rollten und dort rascher als erwartet unverwechselbar wurden. »Couldn't care less«, erklärte Joan, hob sie auf und warf sie in den Korb zurück, aus dem ich sie nehmen und, obwohl ich nie nähen lernen wollte, auf ein Kissen nähen sollte.

»Perfect«, erklärte Mr. Salzer, der Leiter der Werkstatt, am nächsten Morgen. Er konnte nicht wissen, daß alle Knöpfe unsere Auntie wieder angenäht hatte, wobei es niemandem von uns in der nächtlichen Beratung über Paddington Station gelungen war, die ursprünglichen Namen und die strenge Reihenfolge auf dem Kissen wiederherzustellen. Die Knöpfe waren dort festgemacht, wo sie nicht hingehörten, dem Tag war geholfen. Am Abend stieß wieder Erich Fried in die winzige Wohnung meiner Schwester vor, mit dem kleinen Hansi auf der Schulter, der die partielle Lähmung von ihm geerbt hatte. Dazu kamen noch die Freunde Jim und Dori mit den Kindern André und René und die »Ladies«, zwei Schneiderinnen, die Winterkleider lieferten. René war barfuß, seine Nase tropfte. René wurde später schizophren, André wurde Physiker in Oxford.

Ruth, die Tochter meiner Schwester, ging in Notting Hill zur Schule. »Just for a moment I thought, you were mummy«, sagte sie, als ich sie abholte, und warf ihr dunkles Haar zurück.

Wir gingen zu Auntie, in Golders Green, mit ihren vielen Katzen, im Viertel, wo damals auch noch Canetti lebte, der öfters auftauchte, aus dem nassen Wind heraus, der durch die Holztüren pfiff: Ruths Stirnfransen brachte das in Gefahr, aber die Glaubwürdigkeit nicht.

(22. 11. 2002)

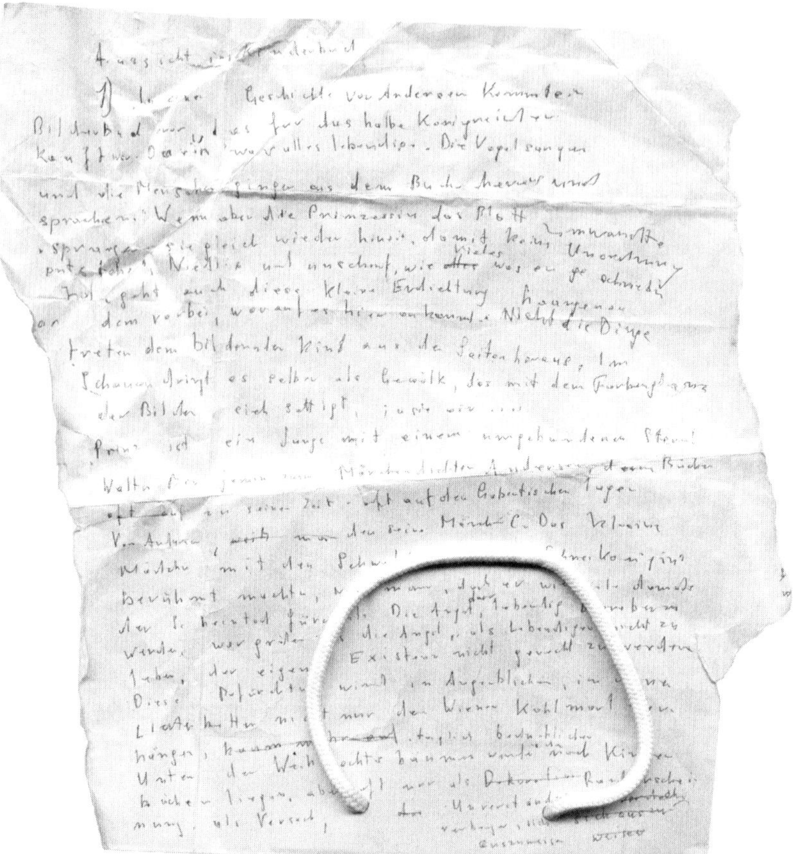

»Abschied von Weihnachten«, vollzogen auf einer zerrissenen Einkaufstragetasche

Abschied von Weihnachten

In einer Geschichte von H. C. Andersen kommt ein Bilderbuch vor, das für das halbe Königreich zu kaufen war. Darin war alles lebendig: »Die Vögel sangen, und die Menschen gingen aus dem Buch heraus und sprachen. Wenn aber die Prinzessin das Blatt umwandte, sprangen sie gleich wieder hinein, damit keine Unordnung entstehe.«

Walter Benjamin zum Märchendichter Andersen: »Niedlich und unscharf wie vieles, was er geschrieben, geht auch diese Erdichtung haargenau an dem vorbei, worauf es eigentlich ankommt: Nicht die Dinge treten dem Kind aus den Seiten heraus, sondern im Schauen dringt es selber als Gewölk, das mit dem Farbenglanz der Bilder sich sättigt, in sie ein.«

Andersens Bücher lagen zu seiner und auch unserer frühen Zeit oft auf den Gabentischen. Von ihm weiß man, daß er wie viele damals den Scheintod fürchtete. Die Angst davor, lebendig begraben zu werden, war größer als die Angst, als Lebendiger nicht zu leben, der eigenen Existenz nicht gerecht zu werden. Diese Befürchtung wird in Augenblicken, in denen Lichterketten nicht nur den Wiener Kohlmarkt verhängen, täglich bedrohlicher. Unter den Weihnachtsbäumen werden sicher noch Kinderbücher liegen, aber oft nur als Randerscheinung, als Versuch, Unverständnis für eine Kinderwelt zu verbergen.

Auch das Wort »Gabentisch« wirkt in einem Augenblick antiquiert, in dem er bei den Kleinen schon unter dem Überfluß an Geschenken verschwindet und bei den Größeren fiktiv wird: Gutscheine aus Kleiderhäusern, für Karibik-, Wüsten- und USA-Reisen. Auch die Spendenfreudigkeit ist vorübergehend, hier kommt kein Licht ins Dunkel und vor allem kein Dunkel ins Licht.

»Die Wochen vor Heiligabend sind absoluter Ausnahmezustand«, hörte ich eben in einer Sendung des SWR. In diesem Ausnahmezustand wird das Engelkleben, Sterneschneiden und Keksebacken auch für die Glücklicheren unter den Kindern zum »Hochleistungssport«, wie es der Sender nennt.

Zurück zur »Aussicht ins Kinderbuch«, wie der Insel-Verlag eine Zusammenstellung von Walter Benjamins Arbeiten nennt (er hatte die zweitgrößte Sammlung an Kinderbüchern in der Weimarer Republik; sie ging im Nationalsozialismus verloren, wie ja auch die Kindheit): Nach den Abbildungen russischer Spielsachen tauchen bei Benjamin auch Weihnachtspyramiden herauf, die Vorläufer des Weihnachtsbaums.

An meiner ersten Bescherung lagen zu viele Bücher (Gustav Schwabs »Sagen des klassischen Altertums« und viele Märchen) unter dem noch unbezahlten Tannenbaum. Es war die erste Ursache, einen unbegriffenen Weihnachtsschrecken aufkommen zu lassen, der wie die Meeresbewegung wechselte, hochkam und zurückflutete. Ein Buch bleibt mir als der Renner früher Feste deutlicher als alle anderen in Erinnerung: Es war ein schmaler Band mit fünf von Grimms Märchen. Das entscheidende blieb und bleibt bis heute »Die Gänsehirtin am Brunnen«: »Alte, du wirst unverschämt!« ruft darin die junge Hirtin dem als bucklige Alte verkleideten Prinzen zu.

Diesen Satz konnten meine Schwester und ich nicht oft genug hören, er mußte uns immer wieder vorgelesen werden, er wurde zum Kernsatz jeder Bescherung. Er blieb in der Zimmerluft über dem Teppich, der nicht davonflog. Auch meine Kinder bekamen große schöne Bäume an den Weihnachtsabenden, viele Spiele, viele Bücher, viele Geschichten, die wir aus der Situation heraus erfinden mußten. Aber der Satz »Alte, du wirst unverschämt!« blieb aus.

Ein daumengroßer hölzerner Zwerg ersetzte ihn für meine Tochter, die ihn lange Briefe schreiben ließ, die beantwortet werden mußten. Als der skeptischere Bruder sie dazu anstachelte, bat sie einmal den Zwerg, vor ihren Freundinnen zu sprechen. Er schrieb zurück: »Zu viele Menschen!« Es war der Kern ihrer Kindheit. Für mich war es der Satz: »Alte, du wirst unverschämt!« Mit ihm versuche ich bis heute der Kindheit auf der Spur zu bleiben.

(20. 12. 2002)

In den verschwundenen Schnee

Am Abend des Neujahrstages: »Engel mit gefalteten Flügeln, Schneeluft«, notierte ich 1951. Heuer: Straßenränder ohne Schnee, um so mehr Hoffnung auf die Schneeluft unter dem unbeteiligten Himmel, selbst auf den Schnee von gestern, den Schnee im Salzburger Flachgau vor dem Untersberg 1971, die Flockenwirbel vor den vergitterten Küchenfenstern, das Schneelicht über dem kahlen Garten und der sinnlosen Allee in Großgmain, den dünnen Bäumen und dem verlassenen Haus der Frau Krause aus Berlin, als Mäntel, Hüte, die letzten Kleiderbügel und Vorhangstangen und Fensterläden und zuletzt sie selbst längst verschwunden waren, zugleich mit den Nachbarskindern aus den Dörfern.

Am Nachmittag des Neujahrstags bleibt selbst bei Föhnstürmen noch Hoffnung auf Schnee. Später vergeht sie. Aber die Hoffnung des Neujahrstags wird auch lange nach Dreikönig und lang nach erfüllten und unerfüllten Vorfreuden, Hoffnungen, Schneewünschen nicht zu bändigen sein. Und 2003 so wenig wie jedes Jahr davor.

»Ja, Konrad«, sagt das Mädchen in Stifters »Bergkristall« zum größeren Bruder, mit dem sie in ein undurchdringliches Schneegestöber gerät. Und sie muß nicht wissen, was sie sagt: so wenig, wie der Schnee erfahren muß, wer ihn verlangt, wem er gefällt und wer ohne ihn seinem Glück auf der Spur bleibt, der Abwesenheit von Schnee, der Hoffnung auf ihn.

(3. 1. 2003)

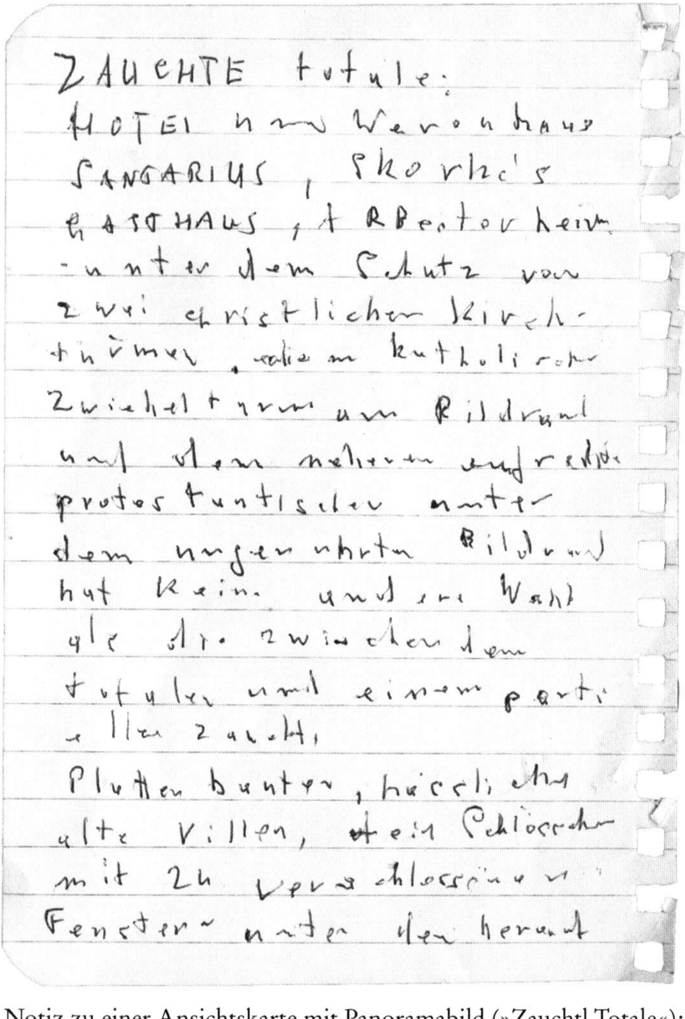

ZAUCHTE totale:
HOTEL und Warenhaus
SANGARIUS, Skorbe's
GASTHAUS, ARBeiterheim
- unter dem Schutz von
zwei christlichen Kirch-
türmen, dem katholischen
Zwiebelturm am Bildrand
und dem nahen aufrechten
protestantischen unter
dem ungewohnten Bildrand
hat keine andere Wahl
als die zwischen dem
totalen und einem parti-
ellen Zaucht,
Platten bunter, hässlicher
alte Villen, ein Schlösschen
mit zu verschlossenen
Fenstern unter den herab

Notiz zu einer Ansichtskarte mit Panoramabild (»Zauchtl Totale«): »unter dem Schutz von zwei christlichen Kirchtürmen« bleibt »keine andere Wahl als die zwischen dem totalen und einem partiellen Zauchtl«

Nach Mähren – ein Familienroman

»Eine kleine Station an der Strecke, welche nach Rußland führt. Endlos gerade liefen vier parallele Eisenstränge nach beiden Seiten zwischen dem gelben Kies des breiten Fahrdamms; neben jedem wie ein schmutziger Schatten der dunkle, von dem Abdampfe in den Boden gebrannte Strich.« – Robert Musils Geographie in »Die Verwirrungen des Zöglings Törleß«. Sein Material dazu: die Erfahrungen als Kadett einer Militärschule in Mährisch-Weißkirchen: »Die kleine Stadt lag weitab von der Residenz im Osten des Reiches.«

Noch entlegener in Mähren liegt Zauchtl. Der nächste kleine Ort in der Nähe ist Freiberg, wo Sigmund Freud geboren wurde. In Zauchtl wuchs unsere Großmutter auf. Während Freud später zum Glück gerade noch aus Wien fliehen konnte, führte die letzte Fahrt meiner Angehörigen im Viehwaggon zurück in den Osten, »endlos gerade die Eisenstränge«.

»Ich sage es euch rundheraus: Die mährische Hymne ist eine Pause. Eine Pause zwischen ›Wo ist meine Heimat?‹ und ›Über der Tatra blitzt es‹«, schreibt Jan Skácel 1989 und meint damit die Aufeinanderfolge des böhmischen und slowakischen Liedes in der Nationalhymne, wo für Mähren nur »die absolute Stille« übrigblieb. »Gibt es überhaupt ein Mähren?« fragt Ota Filip. Die Frage wäre ein Jahrhundert zuvor nicht möglich gewesen. Brünn bekam damals den Beinamen »österreichisches Manchester«. Es gab aber auch schon einen separaten Korso für Deutsche und für Tschechen und die Spannung zwischen der »Himmelspforte in Tischnowitz« und dem Kerker im Spielberg. Das holt mich zurück nach Zauchtl, wo Himmelspforten schon am 29. Februar 1868, dem Geburtstag unserer Großmutter, nicht in Sicht waren.

Statt dessen, fast überraschend, das »Hotel und Warenhaus Santerius«, »Skorkes Gasthaus«, ein Arbeiterheim unter dem Schutz gleich zweier christlicher Wahrzeichen, dem katholischen Zwiebelturm am Bildrand und dem protestantischen unter dem ungerührten Himmel. Nur ein Prozent der Bevölkerung waren Juden.

Auf einer heutigen Postkarte: Plattenbauten, häßliche alte Villen, ein Schlößchen mit 24 verschlossenen Fenstern unter heraufziehenden Regenwolken. Freundliche Sommerregen versprechen sie so wenig wie der Poststempel mit dem Hakenkreuz. In Zauchtl fiel es sicher leicht, vorerst wenig zu erwarten. Kein schlechter Start für ein langes und von den Mördern nur wenig verkürztes Leben.

Zauchtl: eine frühe Konsequenz für ein Leben und einen Stil, der für mich entscheidend bleibt.

(31. 1. 2003)

Das Ende des Wohnens

Vor sechs Jahren brachte mir eine ORF-Journalistin, die sich länger in Novi Sad aufgehalten hatte, einen Gruß von Aleksandar Tišma: Er hatte ihr Erinnerungen, »Das gute Leben« von Fred Wander, mitgegeben. Wander erzählt von Kindheit und Jugend im proletarischen Wien, von Jahren in Frankreich, von der Deportation nach Auschwitz und Buchenwald. Ich konnte es damals nur mit Schmerz lesen. Ich erinnerte mich an ein Kinoerlebnis nach dem Krieg. Die Kassiererin eines Kinos in der Josefstadt sagte mir, sie wüßte Genaueres über das Schicksal meiner Angehörigen, und ich sollte am nächsten Donnerstag wiederkommen. Als ich dann wiederkam, erklärte sie: »Ich erzähle es Ihnen jetzt lieber nicht.«

Danach wollte ich es lange von niemandem mehr genauer wissen. Um so weniger, als meine Angehörigen im dritten Wiener Bezirk, die alle umgekommen sind, mein Leben bis heute entschieden haben, auch jede glückliche Wendung.

Wenn ich mich heute auf die Landkarte von Serbien einlasse und Novi Sad sehe und die grün, hellgrün und grau eingezeichnete Landschaft der Vojvodina, werde ich an die Wohnung in der Hohlweggasse 1 erinnert, ihre Linien, ihren Grundriß, an jeden Raum. Und jeder Raum erinnert mich auf verschiedene Weise an Novi Sad, das ich nie gesehen habe, an seine Glücksmöglichkeit und die Schattierungen seiner Verlorenheit.

Die ersten vier Wörter Aleksandar Tišmas, die mir vor die Augen kamen, fand ich schon im nächsten Augenblick nicht wieder: »Das Ende des Wohnens«. Allein in »Das Buch Blam« ist von so vielen Enden die Rede, daß einem die gewalttätigen Enden des Wohnens aus dieser Zeit schon ganz unspektakulär erscheinen, wie das Leben der meisten in Novi Sad – ihr Leben war auch, ehe sie ermordet wurden, unspektakulär. Aber mir geben sie, Tišmas Erinnerung an sie und die meinige an die Hohlweggasse, die Möglichkeit, zu existieren und weiterzuleben.

»Stehe ich richtig oder nicht?« fragt eine junge Tanzschülerin aus Novi Sad in »Der Gebrauch des Menschen«. Auch in Wien gingen gegen Ende des Zweiten Weltkriegs die Tanzstunden noch eine Weile weiter, mit Tänzern, die auf Kurzurlaub aus Woronesch gekommen waren, und weniger guten Tänzerinnen, bei jedem Schritt verunsichert wie ich, Neulinge bei Elmayer, dessen Tanzschule sich seit der Monarchie nicht verändert hatte, ganz k.u.k.

Nach den Kursstunden lief ich, um den immer noch begeisterten Kriegserzählungen des Tänzers zu entgehen, schnell durch die Dorotheergasse hinunter in das zugewiesene Zimmer in der Marc-Aurel-Straße 9, unmittelbar neben der Wiener Gestapo. Die Kriegserzählungen in diesem Laufen abschüttelnd, war ich dabei doch anderswohin unterwegs, nicht in die für meine Mutter und mich düstere Marc-Aurel-Straße, sondern in die alte Wohnung an der Wiener Verbindungsbahn, die verschlossen, geraubt worden war wie die Menschen, die darin gelebt hatten: das Ende des Wohnens.

»Der Tanzkurs stieß die Barrieren nieder«, sagt Tišma, die Barrieren zwischen Verfolgten, deutschen und ungarischen Soldaten. Auch der meine bleibt bis heute hilfreich. Aber noch viel hilfreicher bleiben die Sätze von Tišma, der nicht mehr dazu kam, Novi Sad vor seinem Tod noch zu verlassen.

(21. 2. 2003)

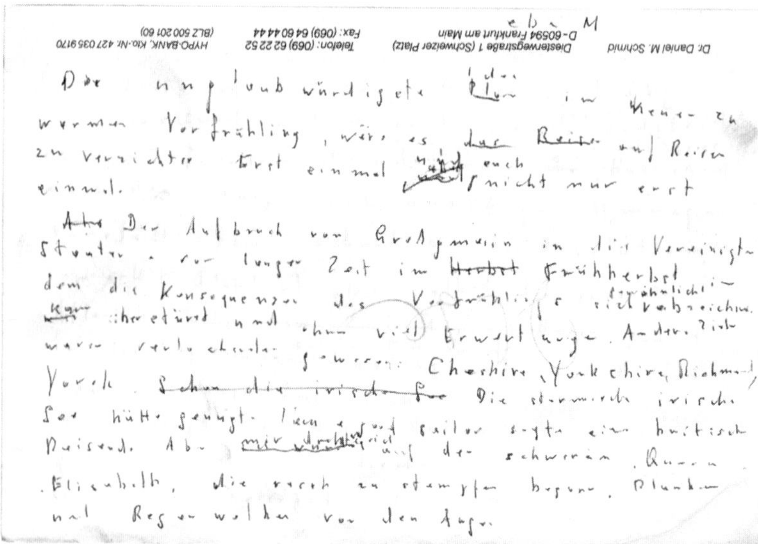

Dr. Daniel M. Schmid Diesterwegstraße 1 (Schweizer Platz) D-60594 Frankfurt am Main Telefon: (069) 62 22 52 Fax: (069) 64 60 44 44 HYPO-BANK, Kto.-Nr. 427 035 9170 (BLZ 500 201 60)

Der unglaubwürdigste Plan Idee im Kreuz zu warmen Vorfrühling, wäre es der Reise auf Reisen zu verrichten. Erst einmal auch nicht nur erst einmal.

~~Aber~~ Der Aufbruch von Großgmain in die Vereinigten Staaten, vor langer Zeit im ~~Herbst~~ Frühherbst, dem die Konsequenzen des Vorfrühlings gewöhnlich viel unterbrechen, ~~Kom~~ überstürzt und ohne viel Erwartungen. Andere Ziele waren verlockender gewesen: Cheshire, Yorkshire, Richmond, York. ~~Schon die irische See~~ Die stürmische irische See hätte genügt. I am a good sailor sagte ein britischer Reisender. Aber ~~mir drehten~~ sich auf der schweren Queen Elizabeth, die rasch zu stampfen begann, Planken und Regenwolken vor den Augen.

»Aber mir drehten sich auf der schweren ›Queen Elizabeth‹, die rasch zu stampfen begann, Planken und Regenwolken vor den Augen«: Erinnerung an eine Reise in die USA

Zögernde Zuneigung

Die unglaubwürdigste Idee im heuer zu warmen Vorfrühling wäre es, auf Reisen zu verzichten. Warum Reisen? Vor Amerika, wohin alle strebten, fürchtete ich mich. Der Aufbruch zu einer Lesereise von Großgmain in die Vereinigten Staaten 1967 kam überstürzt und ohne viel Erwartungen. Warum Amerika? Andere Ziele wären verlockender gewesen: Yorkshire, York oder Cornwall. Dafür mit Schiff. Die stürmische irische See hätte schon genügt. »I am a good sailor«, sagte eine britische Reisende. Aber mir drehten sich auf der schweren »Queen Elizabeth«, die rasch zu stampfen begann, Planken und Regenwolken vor den Augen. Selbst der ersehnte Atlantik geriet in den Schrecken der Langeweile und half dem Ziel dieser Reise nicht.

Mit Joseph Conrad im Reisegepäck wäre es leicht möglich gewesen, auch den Indischen Ozean zu überqueren, aber der mitgenommene Reiseführer durch Neu-Mexiko oder Alabama, die exakte Beschreibung von Detroit City und Denver machten das Ziel dieser Reise immer unbegreiflicher. Nicht gleich wieder nach Großgmain zurück, aber doch viel lieber zu »Alice hinter den Spiegeln« in Christchurch, lieber eine Auseinandersetzung mit der Geometrie als mit der Neuen Welt. Lieber eine Schachpartie mit einer der fünf Tanten von Lewis Carroll als die Skyline New Yorks, von der alle sprachen. Als sie auftauchte, fragte die Reisende neben mir den Steward, was anschließend zu tun sei und wo man sich hinbegeben sollte. »Where you want«, sagte er.

In diesem Satz lag das Positive des ganzen Landes: hingehn, wo immer man will. Also auch wieder fort. Aber wie sicher war sich jeder einzelne über seine augenblicklichen oder ferneren Ziele? Flaubert zitiert die Phrase, daß alle Enten aus Rouen kommen. Aber Rouen war jetzt viel zu weit, der Umweg dorthin zu groß.

»Zu einer solchen Stadt gehört das richtige Getränk«, bemerkte der Veranstalter der Reise bei einem leichten Whisky in San Francisco. Aber welches Getränk gehörte dann zu Detroit City? »Schlitz, das Bier, das Norwalk bevorzugt«? Nichts fiel mehr auf als die Höflichkeit, die immer wiederkehrende Frage: »Do you like America?« Bei soviel Unsicherheit konnte man sich zuletzt doch wieder, zögernd, sicher fühlen.

(14. 3. 2003)

Aus dem Alltagskrieg in die Kapuzinergruft

Auch heute, am regnerischen 2. April, drangen junge Jugoslawen und Italiener, vielleicht sogar Türken, am furchteinflößenden Türkenfeind Marco d'Aviano vorbei in die Kapuzinergruft vor. Sie wirken nicht übermäßig interessiert. Der freundliche kräftige Kapuziner, der mich schon öfters respektvoll begrüßte und der sonst auch Passanten einen Gruftführer zwischen die Finger schiebt, läßt sich heute nicht blicken.

Noch einige Regengüsse, diesmal aus eben geschlossenen Schirmen, in den Hals, und man ist der Gruft entronnen ins daneben liegende Kaffeehaus. Dort, nach den Kriegsberichten, aus Brechts Hauspostille, sein »Bericht vom Zeck«:

»Er schätzt die kleinste Gabe / Sauft Blut als wie ein Zeck. / Und daß man nur ihn habe / Nimmt er sonst alles weg.
An keinem sitzt er lieber / Als einst am Totenbett. / Er spukt durchs letzte Fieber / Der Kerl in Violett.«

Diese Respektlosigkeiten kannte ich noch nicht, als uns an endlosen Sonntagvormittagen die Lust auf die Kapuzinergruft packte. »Geht in die Gruft«, sagte unsere Mutter immer, wenn wir Zwillinge uns stritten, »dort ist es doch immer so schön friedlich!«

Und dort war es schön, jede Langeweile verflog. Der Mönch von damals, dünn und resolut, mit einem dunklen Bart und dunklen Augen, lotste meine Schwester und mich an allen vorbei, die schon länger gewartet hatten, und begann mit seinem Text. Er leierte Geburts- und Hochzeits- und Sterbedaten der spektakulärsten und der weniger spektakulären Habsburger herunter und warnte keinen vor unvermuteten Treppen oder zeitweilig herausgerissenen Geländern. Sein der Gruft angemessener Tonfall geriet an den unscheinbarsten Sarkophagen in eine erstaunliche Euphorie, aus der er kaum mehr herausfand. Kein verlassener, von Unruhe verzehrter Vormittag mehr. Und von allen, die hinter ihm hertrotteten, waren die glücklichsten und die von Überraschung überwältigtsten meine Schwester und ich.

An einem Sonntag im März blieb er länger als sonst mit uns vor der Gruft stehen. Als die letzte Besucherin herauskam, packte er uns fester an den Händen und rief über unsere Köpfe hinweg: »Kinder, Kinder, da geht die Schratt!«

Wer »ein« Schratt war oder sein konnte, wußten wir aus den Sagenbüchern, aber von »der« Schratt hatte uns bisher noch keiner erzählt. Da ging sie voraus, den Neuen Markt hinunter in Richtung Seilergasse und Graben, langsam, nicht allzu vorsichtig und geradeaus. Ihre Handtasche schwankte weniger als heute die der englischen Queen, sie ging ziemlich aufrecht, ohne daß es der »starke Abgang« war, der verlangt wird.

(4. 4. 2003)

Im Auge des Taifuns: Das »Demel«

Das Frühstücksei um 12.43 oder einfach »ein Buttersemmerl, wenn belieben« zur Portion heißer Schokolade: So hilft schon am späten Morgen die Ahnung, im Mittelpunkt eines Herrschaftsgebiets gelandet zu sein. Viel mächtiger als die USA. Die Demels waren seit 1857 »Imperial- und Hoflieferanten«, unter Franz Joseph wurde Ludwig Demel dazu ernannt.

Mit »möchten« beginnen beim k.u.k. Hofzuckerbäcker die Fragen. Die Freiwilligkeit bleibt im Rahmen. Auch die Wahl: »Feinstes Briochekipferl oder flaumiger Guglhupf« zum »Demel Frühstück«. Oder »zwei Kaisersemmerln sowie ein weiches Ei« zum »Wiener Frühstück«. Und zum »Heißgetränk Ihrer Wahl« gibt es »soft boiled egg, ham and cheese, fresh orange juice (1/8)«.

Nach einem unglaubwürdigen und übertriebenen Frühstück kann man den Tag mit mehr Zuversicht erwarten und überlegen, ob gegen Abend eher »Assam« oder »St. James« in Betracht käme. Oder keins von beidem, wegen Budgetüberschreitung. Wirkliche Dichter arbeiten ja den ganzen Tag, aber Dichter wollte ich nie werden, lieber warte ich auf den Assam – und auf das Tagesende, da kommt auch mehr heraus, die Nacht zum Beispiel.

Mein einziges Café früher hieß »Norma«, öffnete um 9.25 Uhr, schloß um 18 Uhr, lag am Rennweg,

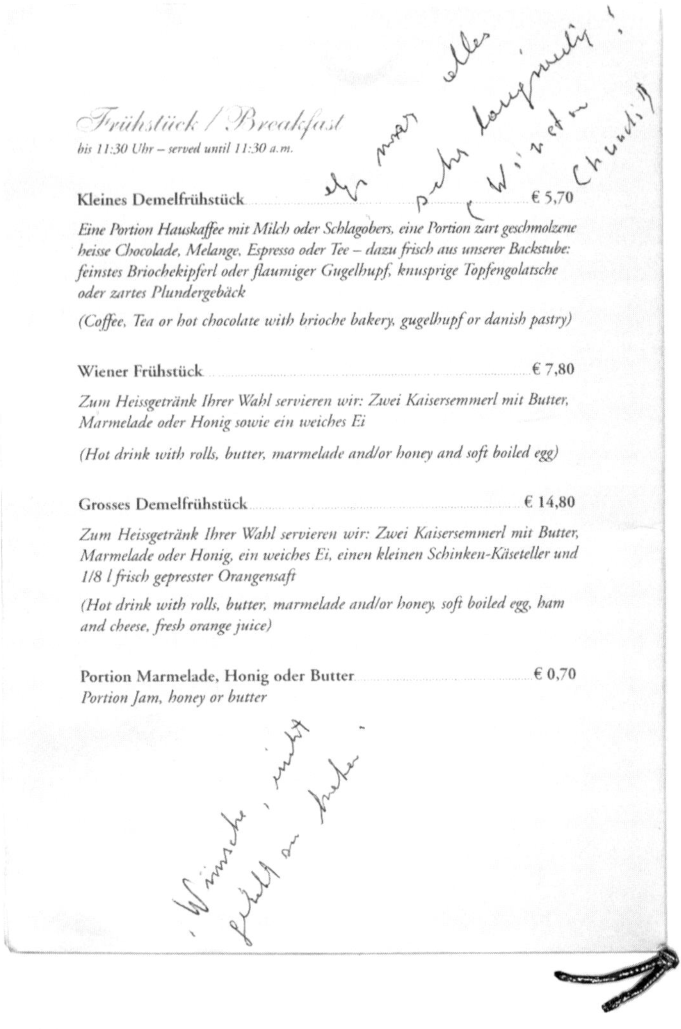

Frühstück / Breakfast
bis 11:30 Uhr – served until 11:30 a.m.

Kleines Demelfrühstück .... € 5,70

Eine Portion Hauskaffee mit Milch oder Schlagobers, eine Portion zart geschmolzene heisse Chocolade, Melange, Espresso oder Tee – dazu frisch aus unserer Backstube: feinstes Briochekipferl oder flaumiger Gugelhupf, knusprige Topfengolatsche oder zartes Plundergebäck

(Coffee, Tea or hot chocolate with brioche bakery, gugelhupf or danish pastry)

Wiener Frühstück .... € 7,80

Zum Heissgetränk Ihrer Wahl servieren wir: Zwei Kaisersemmerl mit Butter, Marmelade oder Honig sowie ein weiches Ei

(Hot drink with rolls, butter, marmelade and/or honey and soft boiled egg)

Grosses Demelfrühstück .... € 14,80

Zum Heissgetränk Ihrer Wahl servieren wir: Zwei Kaisersemmerl mit Butter, Marmelade oder Honig, ein weiches Ei, einen kleinen Schinken-Käseteller und 1/8 l frisch gepresster Orangensaft

(Hot drink with rolls, butter, marmelade and/or honey, soft boiled egg, ham and cheese, fresh orange juice)

Portion Marmelade, Honig oder Butter .... € 0,70
Portion Jam, honey or butter

Auf der Speisekarte des »Demel«: »Wünsche, nicht gelebt zu haben« und die letzten Worte von Winston Churchill, »Es war alles sehr langweilig«

nahe von Hofmannsthals Geburtshaus, und ich kam nie hinein. Das untere Belvedere leuchtete herüber, die Linie 71 ratterte vorbei und verlockte zu Streifzügen, die ausblieben.

»Haben schon gewählt?« heißt es bei Demel. Aber welche Wahl im Leben ist offen?

(9. 5. 2003)

Topographie von Ilse Aichingers Alltag: »Jasomirgottstraße«, »Wein & Co«, »Tirolerhof«

Unwillige Schülerinnen

Die Mädchenschule der Eugenie Schwarzwald in der Wallnerstraße 9 wurde von zu vielen ihrer Schülerinnen verklärt, von Helene Weigel und Hilde Spiel bis, am schlimmsten von allen, Alice Herdan-Zuckmayer. Meine Mutter und ihre spätere Studienkollegin, Tochter eines böhmischen Müllers, waren auch dort gelandet, aber sie gehörten anderen Kreisen an und hatten deshalb Schulgeldermäßigung, was »Frau Doktor« ihnen oft vorwarf.

Immerhin: Bevor Eugenie Schwarzwald ihre Schule in der Wallnerstraße gründete, war Mädchen keine höhere öffentliche Schule zugänglich. Zum Studium waren viele ab 1865 nach Zürich gegangen. Unsere Mutter und ihre Freundin, die später den Primar des Rothschildspitals heiratete und noch nach Amerika fliehen konnte, gehörten zu den ersten, die in Wien Medizin studierten. Aber »die Schwarzwald« blieb ihnen dennoch in keiner guten Erinnerung. Auf dem Dachgarten trieben die Schülerinnen zwischen einigen Kaminen Gymnastik. Das sieht schon 1913 vor der verschwimmenden Kontur des Stephansdoms leicht beängstigend aus. Kokoschka – den Eugenie Schwarzwald als Zeichenlehrer angestellt und damit angeblich vor dem Verhungern gerettet hatte – und Schönberg gehörten zu den Lehrern. Schönberg hielt Seminare für Komposition, aber gleichzeitig gab es Sommerprozessionen und Reigentänze: »Jeder Mensch, der vorüberging, mußte glauben, daß wir in Freiheit dem Sommerglück zuwanderten.« (Eugenie Schwarzwald, 1921)

An ein solches Sommerglück wollten meine Schwester und ich in den »Kinderkolonien«, wie sie auch »die Schwarzwald« organisierte, nie glauben. Dort wurde man gezwungen, zu viel zu essen, zu viel zu schlafen oder von 13 Uhr bis 16 Uhr zumindest so zu tun, als schliefe man. So ging jeder Schlaf verloren und kam nicht zurück. Auch jede Neigung zu Gebirgslandschaften verschwand.

»Regeln für den, der in Bergen baut«, schrieb Adolf Loos im Jahresbericht der Schwarzwald-Schule von 1912/1913. Das klang fremd genug. Aber wer baute in Bergen? Die Spaziergänge der Kolonienkinder führten täglich an der Villa von Jakob Wassermann vorbei, wir sahen ihn im Vorgarten seine Rosensträucher zurechtstutzen. Dahinter die Kulisse einer Landschaft, die mir jede Landschaft verdächtig machte. Am besten war es, sich taub und blind und stumm zu stellen.

»Wir sind jung, und das ist schön«, sangen die Wiener Kinder, und das stimmte noch weniger als die Rosenstöcke von Jakob Wassermann. Wir sehnten den Herbst herbei, das Ende der Kinderkolonien-Existenz. Fast schon das Ende jeder Existenz.

(16. 5. 2003)

Das Delta in der Singerstraße

»In gewisser Weise war für ihn Geographie wichtiger als Geschichte«, schreibt Joseph Brodsky über Peter den Großen. Zum dreihundertsten Geburtstag wird dessen Stadt auch in den inneren und äußeren Stadtbezirken Wiens und in allen Medien gefeiert, manchmal auch anbiedernd.

Brodsky, 1940 in Leningrad/Petersburg geboren, löste den Doppelnamen auf seine Art auf: »So existiert die Stadt also in zweierlei Namen, als eine ›geborene‹ und eine ›alias‹. Und ihre Einwohner ziehen es vor, sich weder des einen noch des anderen Namens zu bedienen. Im gewöhnlichen Gespräch sagen sie eher ›Piter‹. Menschen sind geneigt, den von ihnen bewohnten Orten einen Spitznamen zu geben.«

Die augenblickliche Art, betont »St. Petersburg« zu gebrauchen, erinnert an die von manchen Hinterbliebenen, von Toten zu sprechen wie von Großbürgern, die sie schon kannten, als diese noch betteln gingen.

Und deshalb beginnen einem selbst bei einer solchen Stadt diese Art von Geburtstagswünschen zu nahe zu rücken. Während dieser unausgesetzten Geburtstagsparty geriet ich kurz wieder in eine Gegend, die vor längerem rettend war und die doch wenig Unheil aufhalten konnte. Den Vergleich mit Petersburg hält sie nicht aus, aber ganz leicht streift sie daran: die Singerstraße in Wien.

Wir hatten 1938 Mietrecht und Wohnung in der

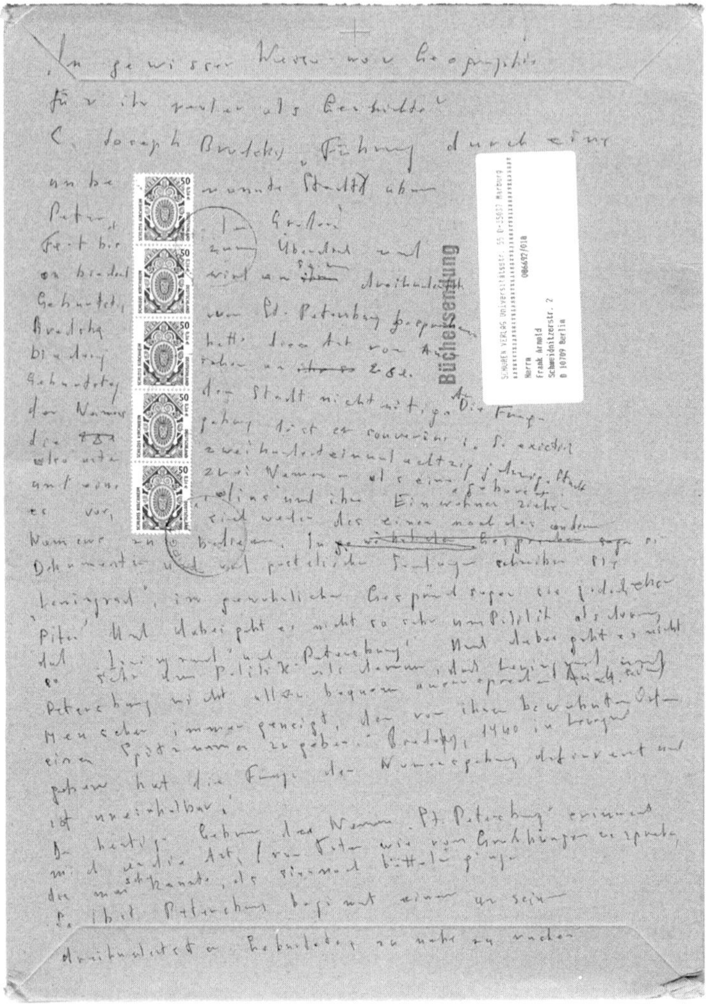

»Das Delta in der Singerstraße« entstand – nach einem Zahnarztbesuch in jener Straße – auf der Vorder- und Rückseite eines Versandkartons

Gumpendorfer Straße verloren und wurden vom Wohnungsamt in die Singerstraße 4 eingewiesen, zu einem älteren jüdischen Ehepaar im vierten Stockwerk. Das Glück, aus einer Gegend wegzukommen, die für uns damals weder das Apollokino noch der nahe Naschmarkt erträglich machte, ließ uns jede Bedrohung vergessen.

»Hier ist es ödig«, hatte meine Schwester im Blick vom zu kleinen Balkon zur Rahlgasse hinüber gesagt. Unsere Mutter hatte ihre Stellung als Schulärztin und das Recht zu praktizieren verloren, aber Patienten mit Herzbeschwerden oder Beinbrüchen hatten sich ohnehin nicht in diese Praxis im letzten Stock verirrt.

Lift gab es keinen. In der Singerstraße aber blieb kein Wartezimmer leer, und wir waren endlich gelandet, wo wir uns hingewünscht hatten. Das älteste Haus der Straße etwa erlangte im Mittelalter keine Bedeutung, weil es zu keinem Stadttor hinführte. Später hatte Antonio Salieri im »Haus zum roten Apfel« die Singschule der Gesellschaft der Musikfreunde eröffnet. Aber all dies half dem kurzen Glück in der Singerstraße nicht. Der Hauptmieter starb im Schlaf, seine Frau wurde nach Flossenbürg deportiert, und wir wurden in die Marc-Aurel-Straße eingewiesen, dicht neben der Gestapo, die damals noch stand.

Aber der langen Trostlosigkeit – sie dauerte sechs Jahre – gab das kurze Glück in der Singerstraße den Glanz, den sie nötig hatte. Und auf dem Weg zum Zahnarzt erinnere ich mich an die Straßen von St. Petersburg, an das Delta nördlicher Flüsse.

(30. 5. 2003)

Freuds verschwundene Nachbarn

Mit Nachbarn, Hausfrauen, Hausparteien begannen schon früh – an der Hand des schizophrenen »Fräuleins« auf dem täglichen Spaziergang zum Linzer Donauufer oder zur Landesirrenanstalt, aus der sie, vorzeitig entlassen, direkt zu mir und meiner Schwester geraten war – die Versuche, Fragen als Fragen autark zu lassen, unabhängig von den Antworten, die man ohnehin nicht bekam. Was sind Hausparteien? Früh schon wandelten viele davon sich in Vertreibungsparteien.

Die Linzer Luft war zuerst scheinbar noch offen, die netten Irren und die hellen Wiesen auf dem Weg zur Anstaltsmauer, die Herz-Jesu-Kirche und die Bürgerschule. Was ein Bürgerschullehrer war, mußten wir nicht fragen, das war, ehe er die Beiträge für die Schulausflüge in den Kauf der dritten oder vierten Ausgabe von Ibsen, Stelzhamer oder Stifter eintauschte, sehr kurzfristig unser Vater. Der Pfennigberg, der Freinberg und der Pöstlingberg waren die vorläufigen Ziele. Unser Vater ermüdete, blieb auf einer Bank oder ließ sich ins Café Traxlmayr bringen, und wir blieben unter der Obhut von Emma Schrack, dem »Fräulein«, der ersten unbegreiflichen Wächterin.

Was sie mit Sigmund Freuds verschwundenen Nachbarn – jetzt in einer Ausstellung in der Berggasse 19 – gemein hatte, das war schon damals unsere Vorstellung, sie und alle anderen könnten verschwinden. Aber sie blieb eine Weile. Nachbarn gab es nicht, aber viele Gäste, zu lange und zu beschwingte Abende, die noch kein Verschwinden ankündigen wollten und denen wir nicht trauten.

Später wurde unser Vater vorsichtshalber, wegen seiner Bücherschulden, in die Nervenklinik gebracht. Dort halfen ihm damals freundliche Nachbarn, irre Patienten. Und ehe auch sie verschwanden, verschwanden wir aus Linz. Statt der Herz-Jesu-Kirche gab es endlich die Sacré-Cœur-Kirche und die Anstaltskirche der »Töchter der göttlichen Liebe« – neue, erwünschte Nachbarn. Aber wir waren nicht erwünscht, man ging zu »Judenkindern« auf Distanz. Bis man sie und ihre Eltern schließlich aus den Wohnungen vertrieb, zuerst in Massenquartiere wie die Berggasse 19, dann in die Vernichtungslager.

Im Katalog »Freuds verschwundene Nachbarn« wird der Kontrast zwischen den Erfahrungen, die der Besucher bei seinem Rundgang durch die kahlen Räume heute macht, und den in diese Räume Zusammengepferchten betont. Aus einer Verlautbarung des Leiters der Hauptabteilung Wohnungs- und Siedlungswesen im Frühjahr 1939: »Da der herrschende Mangel an Wohnungen in der Stadt Wien sehr groß ist, wird von der im Gesetz gegebenen Möglichkeit der Unterbringung mehrerer jüdischer Familien in einer größeren Wohnung weitgehendst Gebrauch gemacht werden müssen.« – »Werden müssen«: scheinheiliges Bedauern von Mördern.

Der nächste Absatz: »Die jüdischen Mieter werden

aufgefordert, diese Umsiedlung freiwillig und zwar in kürzester Zeit vorzunehmen, da sonst zur zwangsweisen Umsiedlung geschritten werden müsse.« Zuerst innerhalb der Bezirke Wiens, und in welche Existenzweisen dann?

Ob es möglich ist, die ausgelieferten Schwestern Freuds, die aus der Berggasse deportiert wurden, zu Hilfe zu holen? Eine von ihnen, Rosa Graf, sieht man auf einer Fotografie von 1927: Ihre fast majestätische Skepsis kühlt den heutigen Abend entscheidend ab und gibt dem Betrachter eine Hoffnung, die ähnlich unglaubwürdig bleibt wie die der verschwundenen Nachbarn Freuds: Ausreise, Flucht, Leben.

(6. 6. 2003)

II Schattenspiele

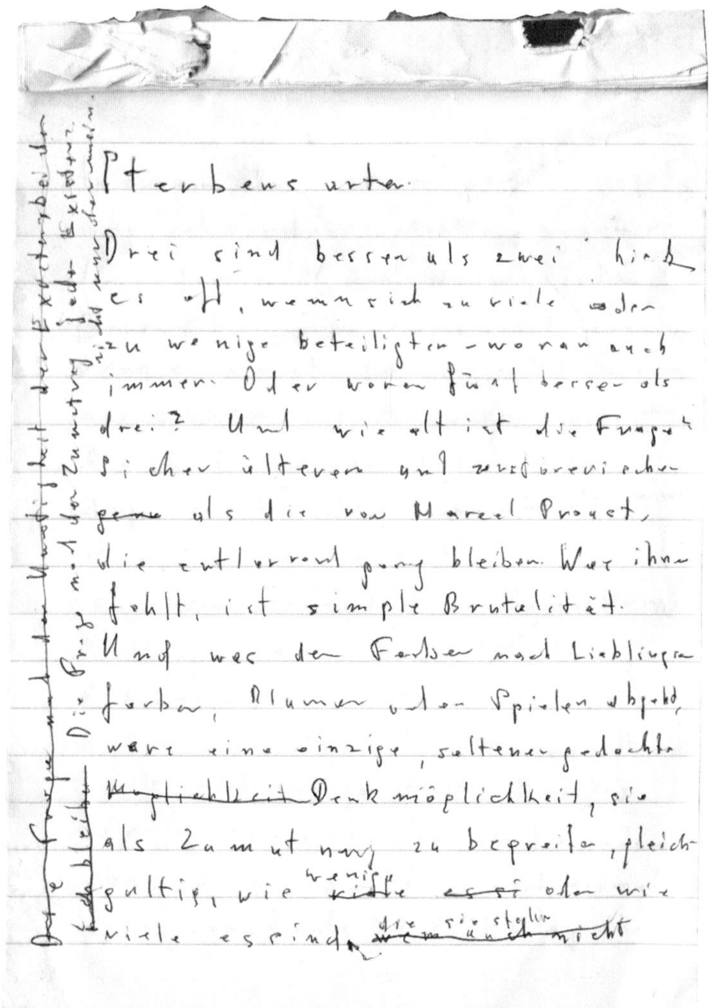

Das erste »Schattenspiel« hatte den Arbeitstitel »Sterbensarten«

Unspektakuläre Untergänge

Schattenspiele, aufgetaucht und lange wieder abgetaucht: Menschen, die am Rande stehen, die nicht in Zeitungen oder auf Partys glänzen. Nur sie bleiben in Erinnerung, sie mit ihren Sterbensarten. Denn »Todesarten« gibt es nicht. Der Tod hat keine Art. Der Tod ist autark, läßt sich nicht zu leicht deklinieren. Was er zu bieten hat, verrät er keinem. Noch weniger, welche Landschaften er öffnet und welche für wen. Der Tod ist unbestechlich, unparteiisch, und der Schlaf ist nicht sein Bruder. Drei Schatten heute, drei Sterbensarten in ihren Landschaften:

An einem der letzten, heute längst unglaubwürdigen Schultage im Krieg waren es drei, die auf dem Heimweg den Ring überquerten, ich blieb zurück, wenn auch nicht für lange. Eine von ihnen lief den Ring entlang in Richtung zur Leopoldstadt, Rotensterngasse. Die beiden anderen hatten hübschere, leichter erreichbare Ziele und weniger Eile: eine bog zur Reisnerstraße ab, die andere überquerte den Ring noch einmal. Reisnerstraße 30, Parkring 16. Niemand erwartete sie um diese Zeit. Ihre Mütter hatten genug andere Interessen, ihre Väter waren längst abhanden gekommen.

Die Reisnerstraße gab den Blick über den Modenapark hinweg zur Salesianerkirche frei, wenn man diese Richtung vorzog. Die Wohnung am Parkring war größer, etwas düsterer und komplizierter, man sah an hohen verschlossenen Fenstern vorbei auf einen Hof. Der Blick gab außer der Ahnung von großbürgerlicher Langeweile wenig her. Diese Langeweile war leicht und wenig prinzipiell. Und gerade dort war es selten langweilig. Wir sahen uns oft, aber ich fragte sie wenig. Ich hatte längst den Eindruck, daß die in Schulen gestellten Fragen nach Schlachtorten, Daten, Flußläufen, erfundenen Siegen zu schwach und zu schlecht formuliert waren, um sie ernst zu nehmen.

Sie heiratete rasch, zog fort und kam noch während der Kämpfe um Wien wieder zurück. Sie hatte sich, wie ihre Mutter, kaum verändert, beide blieben auch unter den Tieffliegerangriffen und dem ununterbrochenen Alarm amüsiert und wenig verwundert. Sie wurde »Dickie« genannt, und sie nahm es leicht, sie nahm vieles leicht, war des Umzugs wegen von der siebenten Gymnasialklasse in die sechste zurückgefallen und sah ruhig, fast amüsiert durch die vergitterten Klosterfenster auf die Dächer gegenüber.

Oft sehe ich jetzt ihren Schatten im Schulhof mit zwei Büchern und einer Schachtel Zigaretten. »Möchten Sie die Specs? Mir wird schlecht davon.« Tee gab es bis zuletzt am Parkring, aber an einem Aprilmorgen gab es keine Milch dazu. Als Dickie vor dem Milchladen am Parkring mit ihrer Blechkanne in einer langen Reihe stand, traf sie bei einem der Angriffe russischer Tiefflieger, für die längst kein Alarm mehr gegeben wurde, ein Granatsplitter in die Schläfe. Sie wurde im Hof von Parkring 16 begraben. Dort las ich zum ersten Mal ihren eigentlichen Namen, Marie, der ihr nicht lag. Sie hatte ihn nicht mehr nötig. Sie hatte begriffen, mit sich selbst oder auch nicht zu existieren, ihre Sterbensart gab ihr recht.

Weniger favorisiert war die Jüngste der drei, die den Parkring um eine Nasenlänge vor mir überquerten. Ihr Desinteresse an Schulfächern war dem von Dickie gewachsen, aber sie hatte wenig Beziehung zu sich selbst und noch weniger Chancen, souverän damit umzugehen, trotz Reisnerstraße. Eines Tages läutete um vier Uhr morgens das Telefon: »Wenn du sie noch einmal sehen willst, dann komm zu uns«, sagte ihre Mutter. Die Tochter der Opernsängerin hatte sich umgebracht: Liebeskummer im Krieg. Kurze verzweifelte Zeilen auf ausgerissenen Heftseiten: »Come and see me«, oder: »Take me to you«.

Die Jüngste der drei blieb in der Rotensterngasse und wurde dort »geholt«, wie man es nannte. Die Rotensterngasse, in der kurz darauf die Bomben einschlugen, bleibt die Adresse, der ich mich gewachsen fühle.

(14. 11. 2003)

Museumslandschaften für Morde

Meine Schwester prägte schon früh für bestimmte Gegenden, Stadtviertel, Architekturformen und den dazugehörigen Himmel darüber das Wort »ödig«. – »Hier ist es ödig«, erklärte sie, als unsere Mutter, die als eine der ersten Frauen in Wien Medizin studiert hatte, doch nie Karriere machen konnte (ein doppeltes Mängelwesen: Frau und aus jüdischer Familie), nach der Scheidung mit uns Zwillingen 1928 in die Gumpendorfer Straße zog. Und sie blieb dabei: »Hier ist es ödig.«

Sie versuchte es nicht weiter zu analysieren, ebenso wenig wie sie einige Jahre später den Entschluß, ihrer Bildung nicht mehr durch absurde Unterrichtsfächer im Weg zu stehen, nicht zurücknahm und aus allen Schulen hinausflog. Wir waren vom Fasanviertel nach Gumpendorf geraten, vom Balkon im vierten Stock konnten wir jetzt über die steile Rahlstiege und die Rahlgasse hinübersehen auf die Rahlschule (ein Maler Rahl, nicht so erfolgreich wie Makart oder Fuchs). Da unsere Mutter ein Faible für das Griechische hatte, gerieten wir in die Rahlschule, ein teils humanistisches, fünf Stockwerke hohes Schulhaus. Von den oberen, engen Klassenzimmern konnte man über die Mariahilfer Straße zu den Museen bis zum Messepalast sehen. Justizpalast, Messepalast, die damalige Vorliebe für

»Paläste« entsprach ziemlich exakt der heutigen für »Quartiere«.

»Navigare necesse est«, das wäre in der engen, für die Arztpraxis unserer Mutter völlig ungeeigneten Wohnung das Gebot gewesen. Aber jedes Verlangen nach salziger Luft, Fregatten und Seebahnhöfen wurde beim Anblick des beginnenden siebenten Bezirks erstickt.

Nicht erstickt wurde die Vorliebe für das Latein, das meinem Desinteresse an der deutschen Sprache und an jedem von den Unterrichtsbehörden ausgehenden Aufsatzthema entsprach. Die ruhige Lateinlehrerin, der Gleichgültigkeit lieber war als schulische Emotionen, wurde rasch schwanger, bekam einen kleinen Timotheus und weißen Flieder von der Klassensprecherin.

Auch dieser Flieder schien uns so unangebracht und »ödig« wie die ganze Gegend. Ihre Wüstenhaftigkeit setzte frühe Verwüstungen voraus und hatte keine weiteren nötig. So schuf auch diese Landschaft das, was Mary Hottinger in ihren »Britischen Gespenster- und Mördergeschichten« als Definition von Gegenden gibt: daß manche Landschaften fast zwangsläufig Morde, Selbstmorde und Gespenster hervorbringen und daß diese umgekehrt mit Landschaften verschwistert sind.

Eine Mitschülerin, die Tochter eines Kohlenhändlers, ertränkte sich nach der Matura in der kleinen elterlichen Badewanne. Heute ist bekannt, daß der siebente Bezirk ebenso wie der zweite Bezirk als vorübergehendes Quartier vor den Vernichtungstransporten herangezogen wurde. Die zweite Gymnasialklasse der Rahlschule besuchte auch eine vergnügte Zwölfjährige aus der Mariahilfer Straße, selbst die unnütze Theobaldgasse amüsierte sie, möglich, daß ihre Mutter ein Handschuhgeschäft hatte.

Vielleicht würde sich doch ein Weg ins neue Museumsquartier lohnen, um nach ihr zu suchen. Aber sie hat schon seit 1942 keinerlei Quartier mehr nötig, auch keine Handschuhe mehr.

Ihr endgültiges Fehlen ist Gegenwart, nicht Erinnerung, kein Stoff für Historiker, keiner für Populärphilosophen, auch keiner für Spielbergfilme. Sie hatte keine Möglichkeit, einen Optimismus zu begreifen, der alles schnell »Quartier« nennt.

(10. 8. 2001)

Sanfte Erinnerung, umgeben von Gewalt

»Herr Hitchcock, wie haben Sie das gemacht?« Das war eine berühmte Frage von François Truffaut, die trotz der endlosen Literatur um Hitchcock und seine Filme unbeantwortet bleiben wird. Sie wird sich, wie alle guten Fragen, umkehren, wird variieren, wird Schatten werfen.

Schattenrisse, Schattenspiele sind aus der Mode gekommen, aber wie in Filmen Hitchcocks – ob er nun Vögel oder Teetassen inszeniert – tauchen Menschen im Leben wie Schatten herauf, beharren auf Landschaften, die erst die Wörter wecken und ihnen Ruhe bringen.

Zum Beispiel: Vor langer Zeit fuhr ich fast täglich von Großgmain bei Salzburg ins Kino nach Reichenhall. Mein Glück und das Glück meiner Begleiterin, die jetzt hier, in das Demel am Kohlmarkt 2003 herein ihren Schatten wirft, an einem Tag, wo die Zeitungen von Anschlägen auf jüdische Einrichtungen in der Türkei und in Frankreich berichten. Wir nannten sie, die über 80 Jahre schon im Haus in Großgmain gelebt hatte, »Beemaster«, meinten damit aber nicht eine »Imkerin«, sondern genauer eine »Seins-Meisterin«.

Sie frühstückte täglich gegen 15 Uhr, keiner durfte sie vorher stören. Danach saß sie mit der einzigen, die ihr gewachsen war, »der Schrederin«, im Garten und betrachtete ihre Bäume, die von Borkenkäfern zerfres-

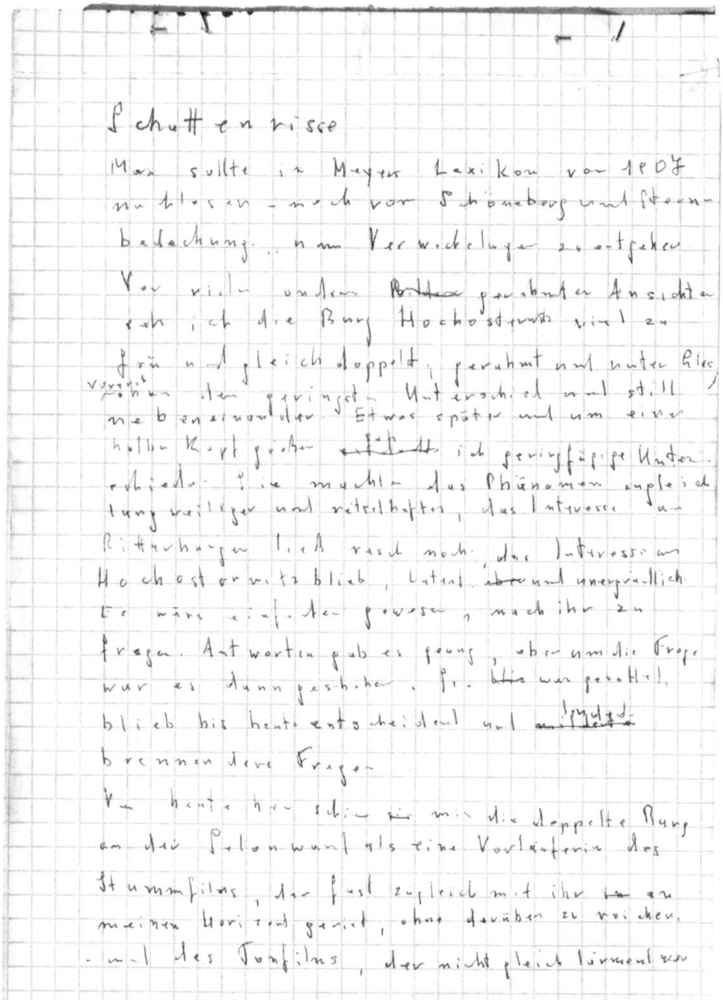

Schattenrisse
Man sollte in Meyers Lexikon von 1907
nachlesen – noch vor Schöneberg und Stern-
beobachtung, um Verwicklungen zu entgehen.
Von vielen anderen ~~Bildern~~ gerahmten Ansichten
sah ich die Burg Hochosterwitz viel zu
früh und gleich doppelt, gerahmt und unter Glas
vereint ~~[illegible]~~ den geringsten Unterschied und still
nebeneinander. Etwas später und um einen
halben Kopf größer ~~entdeckte~~ sah ich geringfügige Unter-
schiede. Sie machten das Phänomen ungleich
langweiliger und rätselhafter, das Interesse an
Ritterburgen ließ rasch nach, das Interesse an
Hochosterwitz blieb, latent, ~~aber~~ und unergründlich.
Es wäre einfacher gewesen, nach ihr zu
fragen. Antworten gab es genug, aber um die Frage
war es dann geschehen. Sie ~~blieb~~ war gestellt,
blieb bis heute entscheidend und ~~[illegible]~~ [illegible]
brennenderer Fragen.
Von heute her schien ~~ist~~ mir die doppelte Burg
an der Salonwand als eine Vorläuferin des
Stummfilms, der fast zugleich mit ihr ~~in~~ an
meinen Horizont geriet, ohne darüber zu reichen,
– und des Tonfilms, der nicht gleich lärmend war

»Schattenrisse«

sen waren, und dazu den föhnigen Himmel. Der Föhn störte sie nie: »Da nimm i a Tabletterl und genieß' die Gegend.«

Als wir die »Schrederin«, eine Bäuerin im Dorf, vor unserem Einzug fragten, ob wir einziehen sollten, legte sie ihre Pfeife weg und sagte: »In dieses Loch!« Drei Jahre später hatte sie keine Pfeife mehr nötig. Die Totenglocken läuteten über die Borkenkäfer hinweg, und ich versuchte, die »Beemaster«, die engste Freundin der Schrederin, abzulenken. Sie sollte, so hätte es sich ihre Tochter gewünscht, nichts vom Tod der Schrederin erfahren. Ich sprach von Ingmar Bergman oder Visconti oder Ennio Morricone, aber plötzlich unterbrach sie mich: »Jetzt graben's die Schrederin ein.«

Inzwischen ist sie selbst zu einem kräftigen Schattenriß geworden, der das Chaos lichtet: so kräftig, daß sie sich selbst der Frage entzieht, wo sie geblieben ist. Und für wie lange.

(21. 11. 2003)

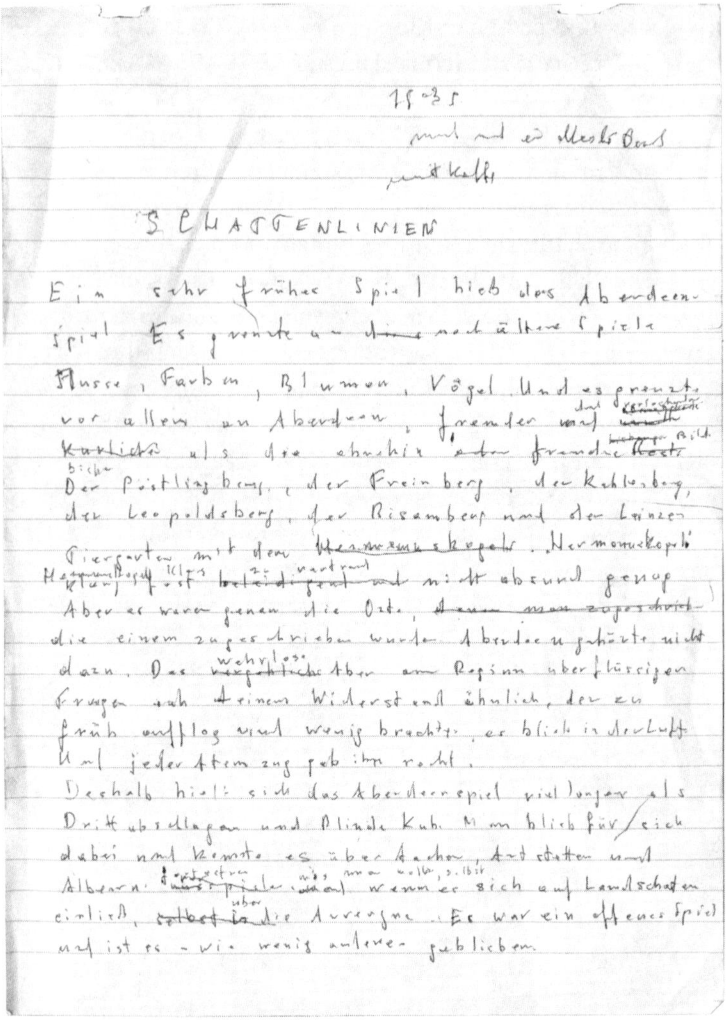

»Schattenlinien«

Das Aberdeenspiel

Im späten November, schon eine Weile nach oft zu euphorisch geplanten und danach mehr oder minder geglückten Sommerferien, könnte man sich an das Zitat von John Milton erinnern, das Freud seiner Traumdeutung voranstellen wollte: »Let us consult / What reinforcement we may get from hope / If not what resolution from despair.«

Ziemlich früh, noch weit entfernt von allem, auch von »hope« und »despair«, half mir ein Spiel über Zwischenzustände, Attacken von Langeweile und den Wunsch, wegzubleiben, hinweg. Es hieß das »Aberdeenspiel«, eine Art Schäfchenzählen. Es grenzte an noch ältere Spiele mit Flüssen, Farben, Blumen. Und es grenzte vor allem an Aberdeen. Alphabetisch von Aachen und Aalen über Amberg und Andernach, es ist ein offenes Spiel. Wenn die Schlaflosigkeiten und die Ränder der Nacht in die Nähe ihrer Mitte geraten, weiten sich seine Regeln und verschärfen sich danach rasch, zugleich die Chance, daß die Nacht mit oder ohne Schlaf ihr Ende findet.

»Aberdeen« sah mit dem »Aber-« am Beginn einem Widerstand ähnlich. Es klang, als wäre es weit genug, und es half und hilft noch immer zu neuen Denkmöglichkeiten und Aufbrüchen. Aberdeen im Nordwesten von Schottland: eine unauffällige Stadt, Eisenhütten,

Stahlwerke und eine Universität. Alfred Adler, der immer im Schatten Sigmund Freuds stand, floh dorthin ins Exil.

Am 7. Februar 1870 wurde Alfred Adler, Sohn eines Getreidehändlers, in Wien-Rudolfsheim geboren. Unsere Mutter interessierte sich für seine Individualpsychologie, er besuchte uns. Am Vorabend seines Todes am 28. Mai 1937 in Aberdeen, so berichtet seine Biographin Phyllis Bottome, habe er mit ihrem Mann den Film »The Great Barrier« im Kino angesehen. Am Tag darauf, beim üblichen Morgenspaziergang, sah ihn ein Mädchen und dachte: »Was für ein kräftiger alter Mann, Schritte wie ein Athlet!« Plötzlich glitt er aus; ein Student hörte den Sterbenden noch nach dem Namen seines Sohnes Kurt rufen.

Dieser »Tod in Aberdeen« wird mich bis zuletzt beschäftigen, seine Absurdität, seine Abgelegenheit, seine Verlassenheit. Und nicht nur mich. Andere auf andere Art. Am 22. Juni 1937 schreibt Sigmund Freud an Arnold Zweig über den Tod Adlers in Aberdeen: »Für einen Judenbub aus einer Wiener Vorstadt ist ein Tod in Aberdeen schon an sich eine unerhörte Karriere und ein Beweis dafür, wie weit er es gebracht hat. Tatsächlich hat ihn die Welt reichlich dafür belohnt, daß er sich der Psychoanalyse entgegengestellt hat.«

Tod in London, Tod in Aberdeen. Die Frage, welcher von beiden spektakulärer ist, bleibt vermutlich eine sekundäre Frage. Aber für mich bleibt der abseitige Tod im abseitigen Aberdeen doch eher ein konsequent zu Ende definiertes Schattenspiel. Falls Schattenspiele überhaupt zu Ende definiert werden wollen und nicht lieber aus allen Szenen verschwinden, ehe die Nacht keine Schatten mehr zuläßt. Selbst aus der Szene, die Aberdeen allein gehört.

(2. 7. 2004)

Das düstere Weihnachtsspiel

In der frühen Zeit wuchsen die Weihnachtsbäume aus dem Linzer Boden und wurden von einem Jahr zum andern höher. Keiner von ihnen wurde bezahlt, und die Händler an der Linzer Landstraße sahen der leicht gebeugten Gestalt unseres Vaters nach, der den Baum wegzerrte, sie ließen ihn gehen. Es war ein altes Spiel, und sie kannten es.

Von der Herz-Jesu-Kirche – sie sah aus, als hätte Kaiser Franz Joseph sie in Auftrag gegeben – bis zur Donaubrücke gab es genug Christbaumhändler, stille und nicht marktschreierische. Keiner versuchte, dem unbezahlten Baum hinterherzulaufen.

Von der Brücke schaute unser Vater kurz auf die breite, reißende Donau und warf einen Blick auf den Pöstlingberg. Er hatte den Baum ergattert und den Instanzenweg vermieden.

Seine Instanz war der Pöstlingberg, auf den er ein Gedicht geschrieben hatte: In den dunklen Momenten »die Perle der Provinz«, um die Sonnenwende die »Akropolis von Linz«. Diese Reime las er uns öfter vor und erzählte von einem Freiherrn von Gilm. Dieser Freiherr von Gilm und die überlisteten Christbaumhändler waren die ersten maßgeblichen Schatten. Wo die Glaskugeln und der Stern auf der Spitze herkamen und von wem sie nicht bezahlt wurden, erfuhren wir nicht, und wir fragten nicht danach.

Aber die Fragen, die wir uns ersparten, schlugen Wurzeln und begannen zu wachsen: ein zögerndes, leicht zu störendes, doch unaufhaltsames Wachstum. Die Fragen blieben, wo sie waren, an den windigen Rändern, unentschlossen, aber auch nicht abzuschütteln. Randfiguren, denen das kommende Fest wenig entgegensetzen konnte. Und auch dem Fest war nichts entgegenzusetzen, es rückte näher und war unabwendbar, ein verabredetes Spiel, das wir nicht durchschauten. Stifters »Bergkristall« mit der Behauptung »Mutter, ich habe den heiligen Christ gesehen« kannten wir noch nicht. Und wieviel hatte der »heilige Christ« mit den Linzer Donaubrücken zu tun und mit den Schulden unseres Vaters?

Am besten gefiel uns um diese Zeit der Pfennigberg jenseits der Donau, still, unauffällig, erreichbar: eine sichere Währung, die Stille 1929 – die einzige Währung, die sich nach den Möglichkeiten von Jesus, Maria und Josef noch vor der Flucht nach Ägypten bemißt.

(12. 12. 2003)

Für das Neue Jahr

Welcher Augenblick wird auch an einem weniger spektakulären als dem Silvestertag zuletzt oder kurz vor zuletzt kostbar gewesen sein? Wer wird die Schatten, die fallen, in solche verwandeln, die einem auf die Sprünge helfen? Auch am Jahresanfang nehmen nur wenige ihre Entscheidungsmöglichkeiten wahr oder werden dazu ermutigt. Schatten aus dem letzten Jahr sind ihnen geblieben, aber es käme darauf an, sie abzuwerfen.

Die ewige Wiederkehr des Gleichen, das war am Silvesterabend das in argloser Freundlichkeit erstarrte Lächeln auf dem Gesicht Kardinal Schönborns im Fernsehen. Und seine Neujahrswünsche. Seine Ansprache hätte man auch simultan mit den von Johannes Paul II. geleierten freudenreichen, schmerzhaften und glorreichen Rosenkränzen ausstrahlen können: »Der du für uns ...« – aber wer ist hier immer »wir«?

In solchen Wahlreden von Kardinälen klingt »Gott« immer so selbstverständlich erstrebenswert wie der attraktive »Bachelor«, um den sich Frauen reißen müssen. Das Einverständnis wird immer schon vorausgesetzt. Das gelingt aber nur, weil wie bei der »Einschauregel« im Versteckspiel der Kinder »dahinter, davor, rechts oder links« nicht geschaut werden darf. Aber was ist das für ein Glück, das ganz selbstverständlich ohne Unglück auskommen will? Schon ein einziger schlechter Film reicht aus, an der Vollkommenheit des

Schöpfungsplans zu zweifeln und zum Jahresanfang jeden Fahrtwind aus den ohnehin zerfetzten Segeln zu nehmen, wenn es nicht gelingt, rasch aus dem Kino auf die verregnete Straße zu kommen, am Stephansdom und am Erzbischöflichen Palais vorbei und auch vorüber an jenem Kaffeehaus, wo in der Weihnachtswoche eine verängstigte Ratte an den aufgetürmten Krapfen unter den Tischen der ahnungslosen Besucher in die nächste freie Ecke floh. Es gab sicher auf der Arche Noah auch Ratten, aber sie kommen in keiner Predigt vor. Und wie verlief dort wohl Silvester?

Jahresanfang, Wünsche: »Heute!« sagen kleine Kinder, wenn sie verzweifelt auf etwas bestehen. Es kann am letzten oder am ersten Tag des Jahres sein, kurz nach Mittag oder kurz nach Mitternacht. Das könnte heißen: Nichts kann sich wenige Minuten später noch erfüllen. Und das gilt auch für den zweihundertsiebenundsechzigsten Tag des neuen oder des alten Jahres. Denn »heute«: das ist der Tag, der morgen endgültig vorbei ist.

(2.1.2004)

Sterben im Filmcasino

Am naßkalten Dreikönigstag war eine vielleicht zweitrangige, aber täglich entscheidende Frage rascher als sonst entschieden: welcher Film, welches Kino? Das Kinoprogramm versprach im Filmcasino einen Film über die schweizerische »Sterbeforscherin« Elisabeth Kübler-Ross. Sterben ist zwar nicht der Tod, sondern der viel schwierigere Weg dazu hin, aber für das erste schien eine Sterbeforscherin für den Dreikönigstag verlockend genug. Nur lag das Filmcasino Margareten für mich abseits. Mein Kino war es nicht. Trotzdem schnell in ein Taxi und dorthin – ein Film, immerhin ein Absprungplatz, um einen der zu vielen Dienstage aus den Angeln zu heben.

Noch kurz, ehe der kalte Kinosaal stockdunkel wurde, konnte man am oberen Rand des Filmprogramms Fotos von zwei- bis dreijährigen dicken kleinen Mädchen in Sonntagskleidern mit weißen Socken, weißen Schleifen und weißen Hüten entdecken, ihre Blicke freundlich und erwartungsvoll auf den Kinogänger gerichtet: Kübler-Ross mit ihren Schwestern, drei dicke Drillinge. Darunter stand: »Dem Tod ins Gesicht sehen«, und noch eine Zeile darunter: »Ein eindrücklicher Film über die berühmte Sterbeforscherin aus Zürich«.

Aber wie sah man dem Tod ins Gesicht, das er nicht

hatte? Und wie lernte man es als schweizerisches Drillingskind, dem Tod in die Augen zu schauen? Elisabeth Kübler-Ross fing früh an und beschäftigte sich ihr Leben lang trotz vieler Reisen, Auftritte und entgegengesetzter Aktivitäten nur mit der Konsequenz ihres erklärten Zieles: Man darf nicht allein sein, wenn man stirbt.

Sie studierte gegen den Willen ihrer Eltern Medizin, stand Sterbenden in Chicago und Arizona bei und wurde endlich bekannt durch ihr Buch »On death and dying«, Interviews mit Sterbenden. Auch wenn ihre Gleichsetzung von »Sterben« und »Tod« falsch ist und sie nichts über den Tod selbst weiß, ihm nicht »ins Gesicht schauen kann«, weil der Tod kein Gesicht hat, so ist der Film doch beeindruckend: Sie begann zu einer Zeit, in der nicht nur in Großkliniken, in Groß- und Kleinbetrieben, in übereilten Gerichtsverhandlungen oder uneiligen Kaffeehäusern nur von Erfolgen, nicht aber von Mißerfolgen wie dem Sterben gesprochen werden darf, das Sterben zu beobachten.

»I'm just a simple person«, sagt sie im Film, und das erinnert an einen Satz Bob Dylans: »I'm sure, I'm not me.« Sie war tatsächlich eine »simple person«, aber die einzige, die auf die Idee gekommen ist, die irritierende Erfolglosigkeit des verlassenen Sterbens anderer »simpler Personen« nicht zuzulassen. Auch unzählige Workshops und Vortragsreisen quer durch die ganze Welt, die Arbeit am Aufbau eines eigenen Zentrums in Virginia, das 1996 durch eine Brandstiftung wieder unterging, konnten ihre Aufbruchsbereitschaft, Verve und Zuversicht nicht entscheidend schwächen. Sie erlitt mehrere Schlaganfälle und blieb zuletzt allein außerhalb Phönix, Arizona.

Ihr Versuch, Tod und Sterben dem Leben wiederzuschenken, ist ihr nur zum Teil gelungen: Würde man die Canyons von den Stürmen abschirmen und zähmen, könnte man ihre Schluchten und Abgründe niemals erblicken. Wer aber die Ratlosigkeit ernst nimmt und die unzähligen ungeduldigen, nötigen oder auch überflüssigen Fragen an den Schaltern von Reisebüros, an Bankschaltern, in den Aufnahme- und Entlassungsräumen von Großkliniken oder in den leicht auffindbaren Büros von Bestattungsanstalten, der erfährt, wenn er genug Geduld hat, daß es um eine andere Frage geht, auf die möglicherweise von »simple persons« eine Antwort erwartet wird:

Heißt »Sterben« notwendig immer auch »allein bleiben«? Kann es hier, wie Kübler-Ross doch etwas zu religiös hofft, eine »Zustimmung« geben? Entscheidend bleibt doch zuletzt: Wie fällt das Ja oder Nein aus? Wer nimmt der Angst die Blindheit und läßt den Schatten die Spiele, die sie leicht werden lassen?

(9. 1. 2004)

Kein Grab mehr neben Marlene Dietrich

Unlängst an einem frühen Nachmittag sah ich auf dem Bildschirm – draußen ein grauer, nichtssagender Himmel – kurz nach den Nachrichten die verblüffte, leicht empörte Miene eines jüngeren Mannes, überflog noch einmal das Kinoprogramm und entschloß mich zu bleiben, wo ich war, um ihn anzuhören. Es ging um Aids.

Seine Empörung war nicht aufgesetzt, und er wandte sich an eine Instanz, die ihn gleichgültig anhörte, ohne ihm zuzuhören, halb gierig und ganz interesselos: das Fernsehen. Sein Tonfall war nicht larmoyant und der Anlaß seiner Klage nicht ganz unbegreiflich, nur ungewöhnlich: Er beklagte nicht das Sterben, sondern das Weiterleben.

Es passierte so: Er hatte gegen jede Erwartung ein verschlossenes Kuvert im Türschlitz gefunden. Noch ehe er es öffnete, geriet er in eine leichte Euphorie: Irgendwer – wer auch immer – hatte seinetwegen eine Nachricht verfaßt und zur Post gebracht. Nur kurz genoß er die freudige Verblüffung, ehe er den Umschlag vorsichtig öffnete. Wer schrieb ihm, wer hatte ihm auch nur das Geringste zu sagen, was würde er erfahren? Seine Neugier erwachte, aber sie war nicht brennend. Im Umschlag war nur ein Formular, nur der Abglanz eines Briefes, immerhin eine Nachricht. Der Befund einer Routineuntersuchung, zu der man ihn überredet hatte.

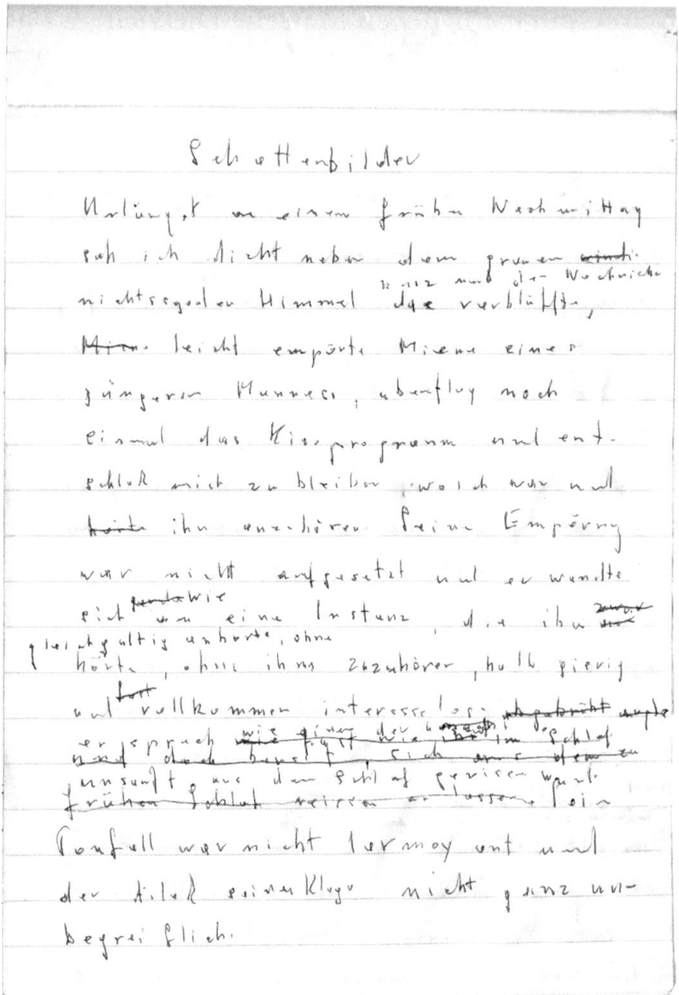

Schattenbilder

Unlängst an einem frühen Nachmittag sah ich Licht neben dem grauen nichtssagenden Himmel und die Nachricht das verblüffte, leicht empörte Miene eines jüngeren Mannes, überflog noch einmal das Kinoprogramm und entschloß mich zu bleiben, wo ich war und ihm zuzuhören. Seine Empörung war nicht aufgesetzt und er wandte sich wie an eine Instanz, die ihn gleichgültig anhörte, ohne hörte, ohne ihm zuzuhören, halb gierig und vollkommen interesselos. er sprach unsanft aus dem Schlaf gerissen wurde. Sein Tonfall war nicht larmoyant und der Inhalt seiner Klage nicht ganz unbegreiflich.

»Schattenbilder«

Er las langsam, wollte den unerwarteten Zustand, endlich wahrgenommen zu werden, auskosten. Das gelang ihm selbst angesichts der Nachricht, die ihn aus allen Träumen riß: Der medizinische Test habe ihn als »HIV-positiv« ausgewiesen. Das bedrohliche Formular riß ihn aus der Langeweile, die ihn schon zu ersticken gedroht hatte. Endlich empfand er sich definiert, wenn auch verurteilt: Er hatte jetzt genug zu tun, die Zeit drängte. Er versuchte, seine Euphorie zu besänftigen, und überlegte die entscheidenden Schritte, ihre Ökonomie und ihre Reihenfolge, er notierte die Behörden, Bezirksämter, Katasterämter, alternativen Gesundheitsämter und Bestattungsunternehmen.

Er war schon seit seiner frühen Kindheit jeden Augenblick gerne gestört worden und hatte schon oft überlegt, wie man den groben Satz »Wünsche, nicht gestört zu werden« subtiler formulieren könnte. Da er jetzt wirklich nicht mehr gestört zu werden wünschte – er hatte ein Ziel –, stieg der Wunsch nach einer lakonischen Formulierung. Seine Langeweile war dahin, endlich begriff er, wie kompliziert und anregend seine Existenz sein konnte, wie viele Möglichkeiten von Aufstieg oder Niedergang auch seiner Wirklichkeit zu sich selbst verhalfen. Er hatte ein Ziel: ein Grab in Berlin, dort, wo Marlene Dietrich liegt, neben ihr. Die letzten Wochen seines Lebens würde er benötigen, um dieses Ziel zu erreichen: Anträge, Eingaben, Behördenwege.

Gegen alle Widerstände erreichte er, was er wollte, er bekam dieses Grab. Er war glücklich. Bis zur nächsten Vorladung zur Untersuchung, zum nächsten Spitalsaufenthalt, zum nächsten Befund. Er sah der zögernden Arztgruppe freundlich entgegen, entdeckte eine gewisse Ratlosigkeit. Nach seiner Frage, was es denn sei, was die ungewöhnliche Verlegenheit der Visite erklären könnte: Es war eine Fehldiagnose. Er war gesund, »positiv« war nichts mehr, HIV nicht, aber sonst auch nichts.

Er lag still auf der Matratze, während seine Träume einstürzten. Kein Grab neben Marlene Dietrich. Er hatte keine Eile mehr. Keine Eile für die Absagen an das Katasteramt, die Friedhofsverwaltung und Bestattungsunternehmen. Es war nichts mehr zu tun, nichts anderes mehr, als mit einer unabsehbar verlängerten Existenz fertig zu werden. Er hatte sich auf dieses Grab gefreut, und jetzt hatten wohl andere, die vor ihm sterben würden, Vorrang. Er verfluchte die Götter und vor allem die Göttinnen. Auf Marlene Dietrichs Grabstein steht: »Hier steh ich an den Marken meiner Tage. Marlene Dietrich (1901–1992)«.

Aber wie sollte einer, dem die Marken seiner Tage abhanden gekommen waren, einer, dem fürs erste alle Felle weggeschwommen waren, die entscheidende Konsequenz aus Marlenes letzter Bemerkung zur Lage finden und sich darauf einlassen: nicht seinen eigenen Tod, sondern sein eigenes Weiterleben zu akzeptieren? Marlene Dietrich war auch in verzweifelten Fällen oft hilfsbereit und hilfreich gewesen. Und dieser Fall könnte ein Fall für sie sein: nicht leicht lösbar und absurd genug.

(23. 1. 2004)

Hügel und sanfte Kardinäle

Es war ein Dienstag im Mai 1942, als ich im weiland zwanzigsten Jahrhundert auf dem Weg durch die Stadt flüchtig ein etwas gehetztes Wort hörte: »Die Gegend, in der deine Leute wohnen, ist an diesem Nachmittag gefährlich.« Für Details dieser Warnung war keine Zeit mehr. Es war auch zu spät. Für sie alle war es immer schon zu spät gewesen.

Trotz allem war ich um diese Zeit glücklich und entdeckte Wien neu. Columbus hatte vorerst gedacht, er wäre in Indien gelandet, aber ich wußte an diesem Dienstag, daß er in Wien gelandet war und daß es der richtige Tag war, um meiner Stadt auf die Schliche zu kommen. Der kalte Maiwind fuhr mir in den Hals, die »kalte Sophie« war unterwegs. Auf dem Vorbau der Peterskirche am Graben erkannte man die Bleiplastik von Glaube, Hoffnung und Liebe.

Im Innern der Kirche, auf engem Raum, Steinfiguren von Heiligen, Bilder des Martyriums der heiligen Barbara und des heiligen Sebastian, neben den Ovalfenstern Wandmalereien der Evangelisten und Kirchenväter, unter der Orgelempore Christus und Petrus auf dem See Genezareth, im Hauptraum der Unterkirche ein römisches Portal.

Im Kontrast dazu die Gegend, aus der »unsere Leute« kamen, aus der sie deportiert wurden: die

Landstraße, aus drei Vorstädten entstanden, die Friedrich-Austerlitz-Wohnanlage, »nach Plan von Schmidt und Aichinger«, ein Detail, das mich verwunderte. Die Gegend war mir vertraut, das »Kloster der Töchter der göttlichen Liebe« lag auf dem Schulweg von der Hohlweggasse zum Rennweg, gebaut in »romanisch-gotischen Mischformen« (1875–1877). Aber diese Mischformen schadeten den Vergnügen der ersten Schuljahre nicht.

Nach Weihnachten lag das Jesuskind ganz faltig ins Schreibheft geklebt, in seiner etwas ausdruckslosen Lieblichkeit war es nicht leicht zu ergründen. Die Klassenlehrerin der ersten Klasse ließ offen, was wir mit ihm und dem »herzlichen Gruß vom Christkind« anfangen sollten, wenn Weihnachten vorbei war. Lesen schien uns leichter als Schreiben, und wir lernten fast aufs Haar genau so viel oder so wenig, daß die leichte Neugierde wuchs.

Über den Sacré-Cœur-Garten zog während der lauretanischen Litanei das weiße Band der Verbindungsbahn. Geistliche Übungen wurden uns nicht empfohlen. Befehle blieben aus. Wir badeten in weißen langen Hemden. Das Lied »Morgen will ich dich recht loben, lieber Jesus, gute Nacht« ängstigte uns nicht. Der angenehm mißglückte Klosterbau auf dem Rennweg 31 hielt uns gern von der kastilischen Hochebene der Klostergründer fern. Die »devotio moderna« setzte sich im 15. Jahrhundert durch. Aber wie und wo findet man heute die Ausgangspunkte für eine moderne Devotion, ohne wieder in Devotionalismus steckenzubleiben?

Fast hundertjährig ist Kardinal Franz König im Schlaf gestorben, eine außergewöhnliche Vergünstigung der göttlichen Vorsorge. Er hat dem kürzlich vergangenen Jahrhundert viel abgewonnen, ein stiller und verehrter »Frommer ohne Wenn und Aber«, wie Zeitungen schrieben, aus dem stillen Niederösterreich mit den sanften, einverstandenen Hügeln.

Ob er von ihnen sich auch sein Einverständnis holte, als er einmal sagte, er habe gerne in diesem Jahrhundert gelebt? In dieser Zeit, wo kleine Kinder aus den Armen ihrer Mütter gerissen wurden, in der Zeit aber auch von Stauffenberg, von Yorck von Wartenburg, den »Freunden vom 20. Juli«, wie Marion Dönhoff sie nennt? Woran maß er seinen Gott und sein Jahrhundert in der Zeit, als aus dem »Volk Gottes« eine gottverlassene Horde wurde?

»Don't look back« hieß die filmische Schilderung von Bob Dylans Tour durch England 1965. Kardinal König wird noch lange verehrt werden. Er konnte ruhig zurückschauen, das Jahrhundert war ihm gewogen.

(26. 3. 2004)

»Lesen konnte er tage- und nächtelang, immer so vertieft und lautlos, als wäre er schon fort«: Richard Reichensperger, Literaturwissenschaftler und Kritiker (1961–2004)

Für Richard Reichensperger

Schatten wechseln, streifen leicht vorbei, lindern, kühlen, aber ihre Möglichkeiten werden von dem bestimmt, der sie wirft. Und noch mehr ihre Spielregeln. Für den Schatten, der heute auf dem Spiel steht, waren die Regeln immer streng, und er vergab sich nichts, ließ sich nicht schleifen. Er sah sein Leben als Geschenk, vor allem »seine« Zeitung – wie er sie nannte –, und blieb doch in jeder seiner Welten für sich und sehr einsam, ohne jede Larmoyanz.

Lesen konnte er tage- und nächtelang, an seinem Tisch oder liegend auf dem Bretterboden, immer so vertieft und lautlos, als wäre er schon fort. Er las jedes Wort, und er las sehr rasch. Einmal war er Julien Green nachgefahren, ohne ihn anzusprechen. Vor kurzem bei diesen Lektüren befragt, weshalb er sie nicht verschieben und sich dabei weniger hetzen und anstrengen könne, bemerkte er, man wüßte nie, von wem, wie rasch und für wie lange man unterbrochen würde. Er las Julien Green, Pascal, John Donne, Kant, Habermas, sprang danach auf, lief hinunter und blieb für Stunden weg.

Joseph Brodsky, der Stern Richard Reichenspergers, den er in Wien ein einziges Mal traf, war kein Mann der Marine. Er aber liebt das offene Meer und hat nicht die geringste Beziehung zu den tiefen, von steilen Wänden eingeengten Tälern des Salzburger Landes, aus dem er kommt. Auch ich lebte fast zwanzig Jahre lang im Land Salzburg. Und nicht nur ich entdeckte, daß ein heimliches Wissen durch dieses Land geht, durch die Bewegtheit seiner Landschaft, die Helligkeit und Tiefe dicht beieinander hält, Verhülltheit und Offenheit, verzehrendes Grau und verzehrendes Grün. Aber seine Stadt bleibt Wien.

»Mischen's Ihna lieber in Ihna selber ein«, rät Johann Nestroy. Aber selbst das unterläßt er. Keine Einmischungen, keine Dazugehörigkeiten, am wenigsten zu solchen, an denen ihm liegt. Sein Blick ist präzise auf Auswege für Ausweglose gerichtet. Er hatte große Helfer an diesen »Ufern der Verlorenen« (Joseph Brodsky), wo Schmerz und Vernunft untrennbar sind, wo das Fundament beweglich fest, einsturzgefährdet und stabil ist.

»Es war eine ruhige Invasion«, schreibt Brodsky von dem Nebel, der die Piazza überwältigt. »Wasser bietet der Schönheit ihr Double.« Und vom Nebel an der Lagune, daß er »silently, and very fast« sei. Das wiederum wollte Richard sein, und das definiert ihn zugleich mit Brodsky und dem Nebel am Ufer der Verlorenen.

»Es leuchtet über dir kein Stern, / das Nebelhorn nur wirst du hören, / das Rettung dir verheißt.«

Richard Reichensperger nimmt das Leben als Geschenk. Uns bleibt die Hoffnung, daß das Geschenk seines Lebens an uns nicht verloren ist.

(9. 4. 2004)

»Der Schlaf ist mein großes Erlebnis«

Die Schatten spielen dort anders, die Nacht fällt anders ein. Schon früh auf den ersten Landkarten – Atlanten hatten wir noch keine – waren die hellen Flächen rechts außen oben die erste Verlockung. Nicht Rapallo, Livorno, Lignano, Brescia, die Ferienziele der Selbst- und Glücksbewußteren auf den Schulbänken neben uns, nicht Rom, wo der Papst saß wie das Negerlein an der Klosterpforte, das auch für Blechmünzen vom Vestibülboden zwischen Schule und Klausur dankbar nickte. Nicht fort aus den Flächen ins Gebirge, sondern weit hinauf, wo die Nacht nicht endet oder wegbleibt, ohne akute Übergänge.

»Papierschiffe aus Bittschriften gefaltet, ... warten auf den Untergang der Bittsteller und abschließende Vermerke ... Wenn einer will, soll er Fotos in die Schaukästen hängen, Anekdoten erzählen oder welchen zuhören« und »vor allem Gute Nacht. Ein entschlossener Clan, verharren wir mit unsern Igeln im zugespitzten Augenblick, drehen uns nicht mehr um, ... wir horchen nicht hin, sind auch taub, unser Ort ist im freien Fall.« (Günter Eich)

Aber wie fällt einer, wo es kein Gefälle gibt, wo er als zu leicht befunden, den Kräften entkommt, dem Packeis, dem höllischen Feuer, den himmlischen Vergnügungen, dem Lutherischen Bekenntnis, dem Helvetischen Bekenntnis, der Kontemplation von Kreuzzug, Todesangst, Geißelung, Verrat und Gottverlassenheit?

Zur Zeit der schlimmsten Bedrohung im Zweiten Weltkrieg gab es in Wien (Seegasse 16, im neunten Bezirk) einen Ort, fast könnte man sagen, eine Zweigniederlassung zur Bekehrung der Juden, die »Schwedische Mission«, mit schwedischen und jüdischen Pastoren, Diakonissen – Pastor Hedenquist, Johannes Jelinek und dem Stern, fast Star darüber, Schwester Greta Andreen, von den Anbetern der Gruppe »Lillemor« genannt, kleine Mutter.

Sie wurde vergöttert, hatte das nur wenigen verdächtige Charisma, das oft Rädels- und Reiseführern gemeinsam ist, auch Pferdekutschern samt ihren stillen Pferden unter dem unausgebauten Turm der Wiener Stephanskirche oder vor dem Sacher und anderen unerschwinglichen Reiseunterkünften. Die Abende in der Seegasse waren »erschwinglich«, man kam rasch und zu Fuß hin, und die Fremdheit der Gegend legte sich rasch, je näher man den Schweden und ihrer Mission kam.

»Der Schlaf ist mein großes Erlebnis.« (Günter Eich)

Aber vor dem Schlaf und der Nacht kam das Treffen in der Seegasse, dreißig bis vierzig Dazugehörige, Jungen und Mädchen, das Brückenbauerlied: »Wir bauen zusammen, die Welt zu umspannen, Brücken von Mann zu Mann, die niemand trennen kann.« Vorerst trennte sich niemand, sie redeten von ihrem protestantischen Seegassengott, seinem Schutz und seiner verläßlichen Führung, jedem einzelnen auf seine Weise geschenkt.

Zuletzt: »Auf einer Fensterscheibe, aller et retour. Gute Andacht, grüß alle.« (Günter Eich)

Die Andacht war gut, die feste Burg, unser Gott, hielt noch stand. Kurz darauf verließen die Schweden die Stadt, samt ihren Pastoren, Diakonissen und Chorälen. Nur die Brücken blieben vorerst, wo sie waren: die Schwedenbrücke, die Marienbrücke, die Friedensbrücke. Auch die Gruppe blieb, aber ihre Quartiere, oft nahe dem ehemaligen Ghetto von Wien, wurden täglich gefährdeter. Und es blieb, nachdem die Schweden sich davongemacht hatten, eine einzige Diakonissin und die Sucht nach dem Norden, seine Anziehung, seine Fernblicke.

Von der Gruppe in der Seegasse entkamen nur ganz wenige und die wenigsten nach Schweden. Auch ich blieb und überlebte – mit mir die nach Norden gerichteten Süchte, die in Berlin-Wilmersdorf ein Ziel gefunden haben, bei dem kleinen Enkelkind Anna, das eins seiner großen Ziele schon erreicht hat: Sie kann im Stehen schaukeln.

(16. 4. 2004)

Grażyna

Schattenspiele. Wie gesagt: Jeder spielt sie anders. Und es kommt nicht immer auf den Platz im Spielfeld an. »Daß man etwas weiß, heißt nicht, daß man es weiß.« (Aufzeichnung, 1975)

Es gibt einen Gast, der keiner ist – die Art von Gästen, die Richard leicht akzeptierte. Er nannte sie Grażyna und fragte nie nach Details, Vor- oder Nachname des Mannes, Freundes, und am wenigsten danach, ob sie existierten. Sie kam und kommt jeden Montag kurz nach Mittag (früher als »two thirty« im »Dritten Mann«, aber ebenso verläßlich), holt rasch und geschickt Manuskripte, Notizen, Bücher, Zeitungen von dort weg, wo sie in Gefahr gerieten, unauffindbar zu werden, hebt die Münzen auf und schiebt die Glaskugel, in der der Schnee auch im April auf St. Petersburg fällt, wenn man sie schüttelt, in die Mitte.

Zu Ostern, Pfingsten, Weihnachten fährt sie nach Hause. »Nicht sehr weit weg«, sagte sie einmal. Aber wohin? An einem ihrer Montage präzisierte sie die Gegend: »Auschwitz, wo ich her bin.« Und danach zum ersten Mal – es war kurz vor Ostern – eine Beifügung: daß das Gras nirgends so grün und der Himmel darüber nirgends so unverstellt und heiter sei, und die Schatten von Spaziergängern, Häuserschatten, Tierschatten, Menschenschatten scharf umrissen. Ein großzügiger Himmel – so klang es.

Der polnische Himmel spiegelt wider, was der Reiseführer Marco Polo an Festtagen verspricht: Mariä Himmelfahrt, den Jahrestag der Verfassung, den der Unabhängigkeit, Fronleichnam, Erntedank mit Ährenkränzen, zehntägige Wallfahrten, die Schiffe der weißen Flotte von Mai bis September, von Giżycko nach Węgorzewo, Buchwald, Elbing, wie bemaltes Porzellan in Blau oder Grüngrau auf weißem Grund. In manchen Gegenden das Fest der Muttergottes als Staatsbeschützerin, zu wenig Anarchie, aber der Himmel gibt nichts vor, läßt nur aus, was unscharf ist oder die Akzente verschiebt. Bars, Lokale, »unkonventionell« und »reduziert«. Und selbst die Phonetik spiegelt er: a = immer kurz, ż = rz = französisches j, c = z wie in »Zeit«.

Unterwegs: »Auf Ihr Wohl!«, »Diese Runde übernehme ich«, »Ich habe hier Schmerzen«, »Es war Ihre Schuld«, »Wieviel kostet es?« Und am besten zuletzt: »Prost!« (wie beim Champagner). Aber obwohl ich oft Lust darauf hätte, haben die Grażyna und ich uns noch nie zu einem gemeinsamen Glas Sekt verstiegen. Das Ende des Tages auf dem Friedhof in Mauterndorf wird der präziseste Moment für dieses Glas Sekt sein: Einer ist angekommen, wo er ohnehin schon ist, und endlich wieder zum Aufbruch bereit, der ihm zusteht.

(30. 4. 2004)

Die Trauergäste schoben sich ~~zögernd~~ in die engen Bänke, kleine Ministranten liefen geschäftig über die Altarstufen, rückten Ohrmuschel und Blumen zurecht, halfen zu der vorläufigen und der end-

DEUTSCHE AKADEMIE FÜR SPRACHE UND DICHTUNG-DARMSTADT

gültigen Ordnung, ~~und~~ blieben ganz gezielt und

VorläufigeTagesordnung

ohne Hast rund um den erfüllten

der 108. ordentlichen Mitgliederversammlung am Samstag, dem 22. Mai 2004, um 10.00 Uhr, im Haus der Freundschaft, St. Petersburg.

Sarg und den hellen Strauss. Von deinem Mann stand auf der Schleife. Dann ~~läutete~~ klingelte die

1. Eröffnung, Feststellung der Ordnungsmäßigkeit der Einladung und Feststellung der Tagesordnung

genau drei helle, scharfe Glocken

2. Totenehrung
3. Bericht des Präsidenten

~~Signale~~ der Signal, ~~Schwerestufe~~

4. Turnusgemäße Neuwahl der Mitglieder der Kommission für den Friedrich-Gundolf-Preis
5. Bericht der Kommission für Publikationen

Das Scharren der Schritte

7. Bericht der Sprach- und Rechtschreibkommission

auf dem ~~Kirchenboden~~

8. Sonstiges

Steinen, die Holzbänke knarrten und der diesmal ~~betrat~~ ging der Pfarrer hinter den beiden Kindern zum Altar. Die Angst vor Banalitäten, und den üblichen Abschweifungen, ob sich verschob. Er las die Messe nach dem katholischen Ritus, blieb ernst und unpathetisch und empfahl Richard, den Bruder Richard, den guten Geistern, die ihm zur Verfügung standen. Vom Introitus, Lesung, Evangelium bis zur Wandlung ~~[illegible]~~ mit den drei kurzen Glockenzeichen und dem ~~vorgeschriebenen~~ Sakrament was als Altarsakrament bei den Katholiken die Mitte des Gottesdienstes umgibt. Nach das Friedenszeichen von einem zum anderen, das Richard nie gemacht hatte, und die Forderungshaltung hin …

»Die letzten Gäste«, auf dem Tagungsprogramm der Deutschen Akademie für Sprache und Dichtung

Die letzten Gäste

Im vergangenen April veränderten sich die Schatten um so rascher, je später er wurde. Aprilscherze blieben eo ipso noch rascher aus, und doch nicht ganz. Die Reise nach Mauterndorf zum endgültigen Abschied von Richard Reichensperger mit Claus Philipp, Franz Hammerbacher, Hermes Phettberg und fast der ganzen Standard-Crew ließ die Schatten tanzen. Die rasche Fahrt, der helle Tag, das Licht, das die Landschaft fast schwingen ließ und den Bergeinschnitten ihre Schroffheit nahm und die Weite erkennen ließ, wurden auf dieser unglaubwürdigsten Reise zum Gegenbild des Salzburger Landes, aus dem Richard kommt.

Während Claus Philipp die Strategie übernahm, Franz Hammerbacher durch sein fast lautloses Dabeisein der Fahrt zur Umweglosigkeit verhalf, sprang Hermes Phettberg mit seiner sprachlichen Artistik ein und seinen unnachahmlichen Remarks, mit Husten- und Lachanfällen. Jeder von ihnen verhalf der Fahrt zur Leichtigkeit, während der Fahrer Kurven, Abzweigungen, Tälernamen, die Wettervoraussichten hineinfügte. Der Himmel blieb hell und windig, kaum von Wolkenschatten überzogen, ehe der Wagen zum Ziel einbog, zu der kleinen Kapelle, in der – schon verschlossen – der helle Sarg stand.

Die letzten Gäste schoben sich zögernd in die engen

Bänke, kleine Ministranten liefen ernsthaft über die Altarstufen, rückten Chorröcke und Blumen zurecht, halfen zu der vorläufigen und der endgültigen Ordnung, blieben ganz gezielt und ohne Hast rund um den stillen Sarg. Dann gaben drei helle scharfe Glockentöne das Signal. Das Scharren der Schritte auf den Steinen, das Knarren der Holzbänke, und endlich ging der Pfarrer hinter den beiden Kindern zum Altar.

Die Angst vor Banalitäten und den üblichen Abschweifungen gab sich rasch. Er las die Messe nach dem katholischen Ritus, blieb ernst und unpathetisch und empfahl Richard, den Bruder Richard, den guten Geistern, die ihm zur Verfügung standen. Von Introitus, Lesung, Evangelium bis zur Wandlung mit den drei kurzen Glockenzeichen. Noch das Friedenszeichen von einem zum anderen, das Richard nie gemocht hatte, und die Forderung »Gehet hin!«.

Zögernd und stockend gingen die letzten Gäste zu seinem Grab. Als sie endlich angelangt waren, nahm die Zielsicherheit zu. Palmzweige und abgerissene Blüten fielen auf den Schläfer. Er war oft sehr müde gewesen, aber noch öfter absolut unmüde, aufbruchbereit, nervös, mit neuen Plänen befaßt. »Ufer der Verlorenen«, das Buch Joseph Brodskys, fiel als letztes neben den Sarg, ehe alle den Friedhof verließen und durch das Dorf zu seinem Elternhaus gingen, wo sie eine fast unglaubwürdige Ruhe und Heiterkeit erwartete.

Es fiel schwer, wohin immer, zurückzufahren. Aber wie mir schon bei den Orten Dover und Calais auffiel: An den Orten, die die entscheidenden sind, soll man nicht bleiben, keine Hütte bauen. So war es besser, den stillen Schläfer zu verlassen und selbst zu versuchen, wach zu bleiben, so wach wie Richard Reichensperger.

(7. 5. 2004)

Ilse Aichinger at home: mit »schrägen Gästen« im Hochhaus in der Wiener Herrengasse

Schattenspiel Radio

Tief am Morgen oder spät in der Nacht gibt es nichts, das der Wachheit und dem Tiefschlaf zugleich hilft, gleichgültig, welche akute Apathie sich die Bettkante entlangbewegt.

»Feind hört mit«, heißt es längst nicht mehr; und hieß es ohnehin nie, wenn es um die Television ging. Aber wenn ich das Radio einschalte, hören zumindest zwei in dem kalten Zimmer genau und aufmerksam mit: Stan Laurel mit Zylinder und Richard Reichensperger, der skeptisch, schräg und still an ihm vorbeisieht. Richard hat Stan gebracht und vors Fenster geschoben, und von nun ab muß er mit seinem Standplatz leben wie andere mit unerwünschten Geburtsorten.

Stan Laurel hat Oliver Hardy, der in Hollywood nach dem dritten Schlaganfall starb, um mehr Jahre überlebt, als ihm lieb war. Sein Pech, seine Chance? Inzwischen ist er endgültig von Olly getrennt – schräg und etwas unwillig vor meinem Bett gelandet. Glücklich ist er nicht, denn er vermißt nicht nur Hardy. Dem Blick aus dem für ihn viel zu niedrigen Hochhaus kann er nicht viel abgewinnen.

Sehr früh sieht es oft so aus, als hätte sich Stan die Nacht hindurch Cortison gespritzt, aber das scheint nicht zu stören und macht auch Richards Blick nicht schräger, als er ist. An beiden leuchtet ein, daß sie auf nichts zu bestehen scheinen, keine Eile und keine Profilierungssüchte haben. »Versuchen wir, etwas Besseres als das Sein zu erfinden«, heißt es bei Cioran. Aber ob sie darauf aus sind?

Richard lehnte die Existenz, auch die seine, nie ab (es steckten ihm zuviel Chancen darinnen). Und selbst in den letzten unausdenkbaren Augenblicken in der Intensivpflegestation des Wiener AKH, in dem es Bettenburgen, Irrgänge, Blicke und keinen Ausblick gibt, hielt er daran fest, ohne sich daran zu klammern. Auch ohne Radio. Wen oder was er noch gern kurz gehört hätte, hat er für sich behalten – sonst behielt er kaum etwas bei sich. Ein Radio in seinem hellen Sarg wäre ihm schon recht gewesen – auch die Möglichkeit, das Programm zu wählen.

»Kein Unterschied zwischen dem Sein und dem Nichtsein, wenn man sie mit der gleichen Intensität erfaßt«, meint Cioran. Aber ob Sein oder Nichtsein, Halbschlaf oder Tod: ein Radio – auch nur am äußersten Rand der Existenz – sollte keiner Intensivpflegestation fehlen. Es ist ein frühes Instrument, aber im äußersten Fall besser als das oft unerträgliche Vokabular der medizinischen Fachsprache.

An Richards Sterbebett im AKH spielte ein Radio, aber es war nicht für ihn gedacht, sondern diente der Zerstreuung des Personals. Richard hatte nie die geringste Lust darauf, zerstreut zu werden. Die Frage, weshalb es in der sogenannten Intensivpflegestation keinen gab, der diese Zumutung abstellte, muß offenbleiben.

Mir aber war es gelungen, einen Wunsch zu präzisieren: Ich wollte gern ein Radio und bekam es auch.

Während der zu langen Nächte oder selten zu kurzen Tage kann ich daran drehen, kann es nützen, ohne benützt zu werden, kann ein Divertimento noch öfter hören, als ich möchte, und die Stimmen der unerträglichen Ansagerinnen oder die von George W. Bush und Kardinal Schönborn so oft löschen, wie ich möchte. Und versuchen, den Schlaf zu finden, der nicht übersieht, wozu er gebraucht wird, und dem es egal ist, ob er den hoffnungsvollen oder den aufgegebenen Fällen hilft.

Zuletzt noch einmal Cioran: »Eternal activity without action.« Das könnte genügen. Aber den beiden schrägen Gästen in dem täglich ungewohnteren Zimmer würde es nicht reichen.

(ORF/Ö1, »Literaturminiatur«, 12. 8. 2004)

Erinnerung mit einer grünen Perlenkette

»Navigare necesse est« wird oft zitiert, vor allem von solchen, die falsche Vorstellungen davon haben oder nicht daran glauben. »Vivere non necesse est« wird glücklicherweise weniger zitiert, und um diejenigen, die daran glauben, abzuzählen, hat man keine zweite Hand nötig. Zur Seefahrt neigen in Mitteleuropa eher wenige. Und die wenigsten haben eine Ahnung davon oder wollen sie haben. Aber in Linzer oder Wiener Straßenzügen und angesichts der Brücken über Donau oder Donaukanal werden solche Ahnungen unumgänglich und der Wunsch, sie zu präzisieren, mit ihnen. Da bleiben nur von Nostalgien verschonte Erinnerungen wie die an La Spezia in Ligurien:

Als wir eines Tages im Hochsommer von Großgmain nach La Spezia fuhren, um den grünen Wiesen, Alleen und auch den alpenländischen Sagen zu entkommen, fanden wir, wovor man uns gewarnt hatte: einen Kriegshafen. Doch auch ein Hafenmuseum, von dem nicht nur die Kinder fasziniert waren: Wrackteile, Galionsfiguren, aber auch eine Menge intakter Schiffe der Handelsmarine. In der Stadt: Fabriken, Werften und Bars. Die Straßen waren nicht nur von Touristen belebt. La Spezia gilt noch immer als Marinestadt, und zumindest 1967 tauchten noch Kriegsschiffe auf, Marinesoldaten in Dreiergruppen, meist Wehrpflichtige aus ganz Italien.

Ich erinnere mich an eine aus Holz geschnitzte Galionsfigur im Museo Navale, nur mit einer hölzernen grünen Perlenkette um den Hals. Im Museumsführer die Bemerkung, daß es ihretwegen, noch ehe sie im Museum landete, zu einem oder zwei Selbstmorden gekommen sei. Keiner brachte sie dazu, seinen Blick zu erwidern, sie blieb stumm und sah gezielt und gleichmütig auf das, was vor ihr lag, und vor ihr lag nichts anderes als die unauffällige Wand des Museo Navale.

Möglich, daß diese Wand sie an den vollkommen unbeteiligten Himmel bei Unwettern, Seebeben und Untergängen erinnerte. Sie schien ihre Ahnungen im Griff zu haben. Viel spätere Katastrophenmöglichkeiten wie die, von einer Kreuzfahrt ausgeschlossen zu sein oder beim Abendessen nur fern vom Kapitänstisch in unzureichender Gesellschaft zu landen, ließ sie aus. Sie blieb für sich und ermunterte niemanden. Immer noch steht sie für »moi tout seul«, mutterseelenallein also. Sie ist autark, einem Segelmast ähnlicher als einem Schutzgeist.

In letzter Zeit (gestern, vorgestern, vorvorgestern) gab es immer wieder Tendenzen zu einem härteren Kurs: seine Kräfte nicht an fremde Krisen, Pleiten, Untröstlichkeiten zu verschwenden. Zu leicht käme man in die Gefahr, sie zu zersplittern und damit auch aussichtsreichere Fälle aussichtslos zu machen. Für die aussichtslosen Fälle steht sie allein: ein Souvenir mit grüner Holzkette – aber unbeugsam.

(28. 5. 2004)

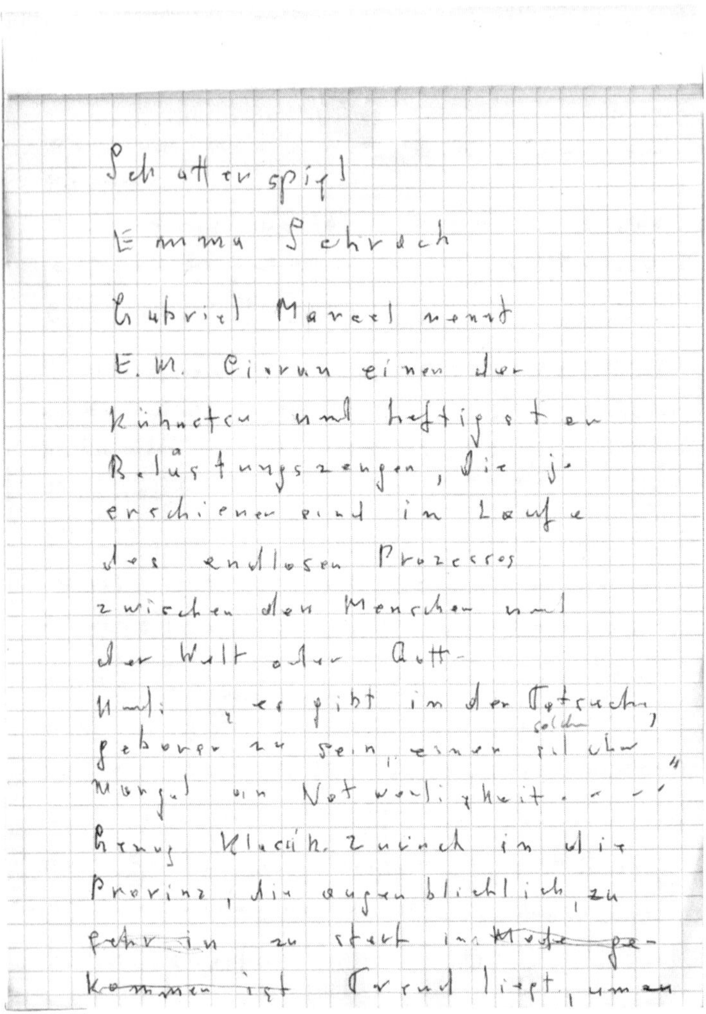

Schattenspiel
Emma Schrack

Gabriel Marcel nennt
E. M. Cioran einen der
kühnsten und heftigsten
Belastungszeugen, die je
erschienen sind im Laufe
des endlosen Prozesses
zwischen dem Menschen und
der Welt oder Gott-
Und: „es gibt in der Tatsache,
geboren zu sein, einen solchen
Mangel an Notwendigkeit ...“
Genug. Klacúh. Zurück in die
Provinz, die augenblicklich, zu
~~sehr in~~ zu stark in ~~Mode ge-~~
~~kommen ist~~ Trend liegt, um an

»Schattenspiel Emma Schrack«

Das Fräulein aus Linz

Gabriel Marcel nennt E. M. Cioran einen der kühnsten und heftigsten Belastungszeugen, die je erschienen sind im Laufe des endlosen Prozesses zwischen den Menschen und der Welt oder Gott. »Es gibt in der Tatsache, geboren zu sein, einen solchen Mangel an Notwendigkeit ...« Damit nicht genug Cioran, aber genug Klassik.

Zurück in die Provinz, die augenblicklich zu stark im Trend liegt, um mit sich ins reine zu kommen. Die Chancen, Emma Schrack zu treffen, lagen nicht im Bereich Ciorans. Statt dessen in unserem. Meine Schwester und ich sollten eine Aufsichtsperson bekommen, und wir bekamen die erstbeste. Das erfuhren wir damals nicht gleich, aber wir erfuhren vermutlich doch um einige Augenblicke zu früh das Phänomen Emma Schrack.

Sie war kurzfristig und auf Probe aus der Linzer Landesirrenanstalt entlassen worden, und sie kannte offenbar vor allem die Griffe der Wärter. Wir hatten – unter der Donaubrücke angekommen – helle Streifen an den Handgelenken, die auch, als wir an der ziegelroten Herz-Jesu-Kirche umkehrten, nicht verschwanden. Sie waren nicht mehr wegzubringen und gaben uns einen Beweis unserer Existenz, der schwer zu überbieten war. Bei ihrem Ziel angelangt, ließ sie sich im Gras vor der Anstaltsmauer nieder und beachtete uns nicht weiter.

Wir begannen, die armseligen Blumen und Gräser zu pflücken, die offenbar mit dem schlechten, trockenen Boden, in dem ihre Wurzeln nicht lang haften konnten, ganz zufrieden waren. Durch die Lücken der Anstaltsmauer versuchten die freundlichen Irren, einen Blick auf die oberösterreichische Landeshauptstadt zu werfen. Es wurde kein Überblick, aber sie waren genügsam. Emma Schrack war eingeschlafen, und es fiel noch lange kein Wort. Ein jüngerer Irrer begann zu kichern und fragte, ob es uns gutginge, wir fragten nicht zurück. Wie wir beide waren sie nicht auf Antworten aus.

Es ging gegen Mittag, die Linzer Luft wurde wärmer, auch das Gras und die brüchige Mauer. Die Linzer Sonne stieg über den Linzer Himmel, und es schien uns, als hielte sie dort kurz an. Die Irren wurden zum Essen gerufen, wir blieben mit der schlafenden Emma am Rand. Nach einer Weile stöhnte sie kurz, ehe sie weiterschlief. Kaum herauszufinden, wovon sie träumte und ob es Deutungen zuließ, Lesarten, Möglichkeiten, die Szene zu übersehen.

Der Blick auf Linz blieb, auf den Freinberg, den Pfennigberg, den Pöstlingberg und die breite, noch rasche graugrüne Donau. Blau war sie nicht. Und Schatten gab es wenig, auch wenig Spiele, der Hang war zu verlassen, die Luft zu wenig bewegt, die Sonne nicht hoch genug. Alles schien Cioran zu bestätigen: »Gegenüber jedwedem Erlebnis tritt der Geist als Spielverderber auf.« Und: »Klarsicht ist das einzige Laster, das frei macht – frei in einer Wüste.«

Könnte es sein, daß Linz, die Ratlosigkeit, die Irrenanstalt und ihre Mauer, die freundliche Zugewandtheit der Irren die Freiheit fördert, den Überblick, und das Augenmaß, für den Moment oder doch für länger? Darauf sollte es nicht ankommen. Es liegt immer an der Verzweigung von Ort und Augenblick.

Es muß keine Spiele geben, keine Schatten, kein Verharren. Aber vielleicht sollte es freundliche Irre geben, um den unfreundlichen und primitiven Unverwirrten das Wort aus dem Mund zu nehmen.

(9. 7. 2004)

Selbstversorger

»Kein Unterschied zwischen dem Sein und dem Nichtsein, wenn man sie mit der gleichen Intensität erfaßt.« (E. M. Cioran) Über diesen scharfen Grat kann die Perikles Trauerberatung GmbH & Co KG, der jede Art der Selbstversorgung ein Greuel ist, helfen. In jedem Fall besitzt Perikles versierte Kooperationspartner: »Mit dem Wiener Verein haben Sie eine Bestattungs- und VersicherungsservicegesellschaftmbH an Ihrer Seite, welche nicht nur Bestattungsvorsorge, sondern auch Grabpflegevorsorge mit Sofortschutz anbietet.«

»Wir erledigen Formalitäten«, verspricht Perikles, »bieten Hilfestellung in jeder Situation und planen alles bis ins letzte Detail – würdevoll, diskret und verläßlich. Unser Aufnahmebüro in der Rotenlöwengasse 19 ist erreichbar mit der U4 und der Linie 5 oder 33.«

So nimmt Perikles die größte Sorge ab, jemandem zur Last zu fallen, und ermöglicht es, den letzten Weg selbst zu gestalten. Gerade die Sorge um die Selbstgestaltung scheint im Augenblick der Bestattung zu kulminieren. Es sieht aus, als hätte sie viel mehr mit dem Selbst zu tun als der erste Schrei oder der letzte Versuch, noch etwas von der Luft zu bekommen, die im Begriff ist wegzubleiben. »Jede Art von Hast offenbart irgendeine geistige Störung«, sagt Cioran. Bei Perikles wird die Hast erst beim zweiten Blick deutlich, die gepowerte Übervorsorge, die Angst, zu spät zu kommen.

»Der, die Verstorbene wird mit einem unserer Bestattungsfahrzeuge vom Spital abgeholt und zum Friedhof oder zur Feuerhalle überführt. Ebenso organisieren wir Überführungen ins Ausland, gegebenenfalls auch per Flugzeug oder per Bahn.«

Die vorgezeigten Bestattungsfahrzeuge sind hell, fast windschnittig, während auf dem Firmenlogo der antike Perikles unter seinem Helm gelangweilt über sie hinwegsieht. Ob ihm eine andere, fast entgegengesetzte Form der Sterbefürsorge eher einleuchten würde? Zum Beispiel Suizid, als eine Art der Hypervorsorge, als eine Art entgegengesetzter Hypochondrie: die Angst, man könnte nicht imstande sein, sich selbst mit dem eigenen Tod zu versorgen.

»Der Weg der Trennung ist schmerzvoll und lang, gehen Sie ihn nicht alleine, gehen Sie ihn mit uns.« Vielleicht nähme Perikles im Notfall auch Selbstmörder nicht von seiner überquellenden Vorsorge aus. Ob er der Ansicht Jean Amérys widerspräche, daß die »situation suicidaire« eine absurde oder paradoxe ist?

E. M. Cioran spricht davon, daß eine bewußte Blattlaus mit genau den gleichen Schwierigkeiten und mit der gleichen Art von Unlösbarkeit zu tun habe wie der Mensch. Aber mit mehr oder weniger bewußten Blattläusen hätte Perikles wenig am Hut. Ebenso mit der Frage, ob Flöhe, Blattläuse, Mistkäfer diese Einladung überhaupt in Betracht zögen? Oder Suizidäre? Und ob sie vom »échec« (Scheitern, Mißerfolg und seiner Unerbittlichkeit) nur die geringste Ahnung haben?

Perikles hat schon phonetisch wenig mit échec zu tun. Noch weniger mit seiner Luzidität und dem hohen Grad seiner Widerständigkeit.

Jean Améry spricht in seinem »Diskurs über den Freitod« von der Psychologie als von einem mit Ach und Krach bestellten Acker. Perikles aber setzt sich über solche Spintisierereien hinweg, bietet Ordnung ohne neurotische Symptome oder ungustiöse Zumutungen:

»Die Särge erzeugen wir im Salzburger Lungau ausschließlich aus heimischen Hölzern wie Eiche, Ahorn, Kiefer, Lärche, Nuß oder Kanadapappel. Die Innenausstattung ist vorwiegend aus Damast und wird in Graz per Hand gefertigt. Wir statten den Sarg nach Ihren Wünschen aus.« – Als Selbstversorger steht es jedem frei, sich Perikles anzuschließen. Gleichgültig, wie er den Bereich des Sinnwidrigen definiert, akzeptiert oder von sich weist.

(20. 8. 2004)

Grießnockerlsuppe vom Morzinplatz

»In allen unseren Träumen, auch wenn sie hie und da sintflutartig zurückreichen, kommt ausnahmslos wenigstens für den Bruchteil einer Sekunde irgendein kleinster Zwischenfall vor, dessen Zeugen wir am Vorabend gewesen sind.« (E. M. Cioran) »Die Folgerung war so leicht, daß ich sie in jedem Augenblick Gestalt annehmen sah.« (Paul Valéry, »Monsieur Teste«)

Um die Folgerung ging es am gestrigen Abend nach einem späten Film, Tee, Wein und Fernet noch lange nicht, aber es ging um die leichte Sintflutartigkeit eines zu späten Wunsches: Grießnockerlsuppe gegen zwei Uhr nachts. Die gab es nur noch an Tankstellen, und die nächste lag am Morzinplatz, nahe der ehemaligen Wiener Gestapo und dem noch ehemaligeren Hotel Metropol, wo jetzt ein unauffälliger Stein der Erinnerung helfen soll, wie es an den »Wurzeln des Todesbaums« zuging oder an dessen äußersten Rändern.

Daß der Wunsch nach Grießnockerlsuppe so rasch, wirksam und heilkräftig erfüllt wurde, grenzte an eine Gewißheit, die etwas früher den in das umgewidmete Gebäude am Morzinplatz Geratenen absurder vorkommen mußte als jedes Mystery-Science-Theater.

Neben dem Morzinplatz wohnten wir sechs Jahre lang, zu einer Zeit, als der brennende Wunsch nach Grießnockerlsuppe denjenigen, die in die Wiener Gestapo eingewiesen wurden, zu einer Art von Zorn verhelfen mußte. Auch zu einer Schattierung, der selbst Cioran nicht gewachsen wäre, auch nicht seine Folgerung, daß das reine Unglück die Zukunft allein für sich behält.

Noch weiter in die Vergangenheit: Jedenfalls machte sich ein Morzin um Österreich verdient, sein Sohn Vincent Graf Morzin errichtete den Morzins zu Ehren Wohlfahrtseinrichtungen für Arme und Waisen und spendete eine Million Gulden. Die Grießnockerlsuppe, nicht von den Morzins selbst gespendet, nahm dem Namen doch seine Finsternis und ließ ihm und der kommenden Nacht freundlichere Umrisse: Man konnte sich wieder auf ihren Rest einlassen und möglichen Bedrohungen ausweichen.

Man konnte Musikverein, Karlskirche und Heldenplatz weglassen und ruhiger bedenken, was sie umgab. Zum Basiliskenhaus in der Schönlaterngasse erfährt man ohne viel Verwunderung: »Der Basilisk ist ein Sandsteinkonglomerat in Form eines Hahns.« Österreich hatte nie die Form eines Hahns, heute noch weniger. Aber das »Sandsteinkonglomerat« bleibt im Kopf und macht ihn fast leichter.

Eine solche Definition gibt der Grießnockerlsuppe vom Morzinplatz ihre entscheidende Wirkung, kräftigt für das Kommende und vor allem für einiges, was nicht kommt oder nie mehr wiederkommt. »Ich sehe plötzlich«, sagt Valéry, »ganze Bündel von Schmerzen.« Fast zu viel Klarsicht. Immer noch, auch nach der Grießnockerlsuppe von der Tankstelle am Morzinplatz.

(27. 8. 2004)

Erlebnisgarantie für Wiener in Shanghai

Für Shanghai wird im Reiseführer »Erlebnisgarantie« geboten, für heute, morgen und übermorgen. Weshalb nicht für gestern? Shanghai war seit Mitte des 19. Jahrhunderts ein Einwanderungsland, ein Magnet. Der Shanghaier verdankt sein Selbstbewußtsein dem Erfolg der Stadt und ihrer Dynamik. Möglich wurde dieser Aufstieg durch die zugezogenen, höchst gewieften Geschäftsleute. Aldous Huxley schreibt: »In keiner Stadt, im Westen wie im Osten, hatte ich jemals solch einen Eindruck von konzentriertem, üppigem, geballtem Leben.« Aber der einzige unserer Freunde, der die Flucht dorthin erhoffte, ist noch weniger ein echter Shanghaier geworden, als es ihm je gelang, ein echter Wiener zu werden. Einer, der nicht untergeht.

Er war unser erster Zahnarzt, Dr. David Weisselberg aus der Burggasse, und einer der besten. Aber weil man ohnehin nur erfahren kann, was man schon weiß, hat er es sicher bis zuletzt nicht erfahren, so wenig wie das schnelle Glück, das er nie hatte und von dem er keinen Augenblick lang glaubte, daß es ihm zustand. Familie hatte er keine, er war schon in Wien allein und hatte keine Chance mitzufeiern, was man damals hier feierte, Ostern und Weihnachten, Pfingsten. Nicht einmal das jüdische Neujahrsfest, das hier ohnehin nur die wenigsten feierten. Keine Zugehörigkeit, aber auch

Im DuMont-Reiseführer Shanghai: verbürgte »Erlebnisgarantie aus dem Buch«

keine Anbiederung, nicht einmal an die Kieselsteine auf den Gräbern.

»Planen Sie Ihre kurze Zeit sorgfältig«, rät der Reiseführer. Aber Dr. Weisselberg hatte keine Möglichkeit, seine Zeit sorgfältig zu planen, sie gehörte ihm so wenig, wie ein Belastungszeuge sich gehören kann. Seine Szene war die Burggasse im siebten Wiener Bezirk, schräg gegenüber von »Notre Dame de Sion«. Aber seine Dame war sie nicht, sie nahm keine Notiz von ihm und warnte ihn vor nichts. Es hätte auch keine Warnung geholfen, kein Rettungshinweis. Er war auf Details konzentriert, auf die es ihm ankam, auf die Plomben und frühzeitig kariösen Zähne seiner oft noch kindlichen Patienten. Er schonte sie und heilte, woran keiner stirbt. So gelang ihm, dem sonst wenig gelang, »ein unvollständiges Bild von sich zu hinterlassen«, wie Cioran es nennt; aber er hinterließ nichts als sein altmodisches Lächeln und hatte auch nichts vergeudet als sich selbst.

Im »Special« über Hongkong ist vom Meerblick die Rede, von Hochhausschluchten, von Kauf und Kultur, und dazu: über 200 Insidertips von Leuten, die sich in Hongkong auskennen, Sprachführer inklusive. »Mit dem Mini-Dolmetscher sind Sie niemals sprachlos.«

Sprachlos würden nur jene bleiben, die fast ein Menschenalter später an einem Frühherbsttag in einem Wiener Kaffeehaus erfahren, daß nur ganz wenigen so wenig glückte wie dem Dr. Weisselberg, der mit fremden Zähnen viel sorgfältiger umging als mit seinen eigenen Chancen oder seinem eigenen Tod: Er hat weder den Goldfischmarkt von Hongkong, noch die

Filme der chinesischen Filmschaffenden in Shanghai erreicht, feierte kein Frühlingsfest mit, nicht die Gründungstage der KP, kein Mondfest. Auch nicht das chinesische Allerseelenfest in den Apriltagen, an dem man angeblich mit Räucherstäbchen das glückliche Wiedersehen mit den Ahnen feiert.

Er hat nichts und nicht einmal seine eigene Rettung im verborgenen vorbereitet. Es gelang ihm schon in der Burggasse, in einem Maß der Unzugehörigkeit ausgesetzt zu bleiben, das weit über mehr oder weniger chinesische Fluchtziele hinausgeht.

»Mir ist nichts fremd«, höre ich in der Hofzuckerbäckerei Demel am Nebentisch. »Die Wahrheit liegt im individuellen Drama«, konstatiert Cioran. Aber das Ende des Dr. Weisselberg in einem der vielen Vernichtungslager macht sein freundliches, fast devotes Lächeln zum Menetekel.

(3. 9. 2004)

Der arme Thomas

»Bücher werden Sie bei mir nicht finden. Ich kenn niemand, der so wenig liest wie ich.« (Thomas Bernhard)

Als mein Sohn Clemens, damals zwölf, den vierzehnjährigen Johnny Schnurpfeil, Sohn eines Amerikaners aus der Kaserne auf den Hügeln jenseits der Isar, mit seinen von den frisch geteerten Straßen kohlschwarzen Fußsohlen, seiner runden amerikanischen Schädelform, seinem hellen kurzgeschnittenen Haar und seiner Größe zu bewundern begann – lange vor Bob Dylan, aber kurz vor Thomas Bernhard –, konnte man bei ihm genug Bücher finden, wenn auch wenig gelesene, er wollte damals ihre Geschichte lieber erzählt bekommen, und möglichst noch, solange Johnny bei ihm war, und der durfte lange bleiben.

Als Clemens vierzehn war, löste Thomas Bernhard Johnny Schnurpfeil ab. Bernhard hatte mir einmal gesagt, ich solle kommen, wenn ich Sorgen hätte, welche auch immer, und ich rief an, die Verträge von Suhrkamp schienen schwer durchschaubar. Drei Stunden später stand Thomas Bernhard bei uns in Großgmain in der Tür, sein Wagen schräg hinter ihm. Sein Kommentar war knapp: »Da kann man nichts machen.« Der arme Thomas – von Inge Scholl an seinem Grab am Grinzinger Friedhof so genannt – stand kurz im Garten. Seither versuche ich herauszufinden, in welchem Maß der arme Thomas ein armer Thomas war,

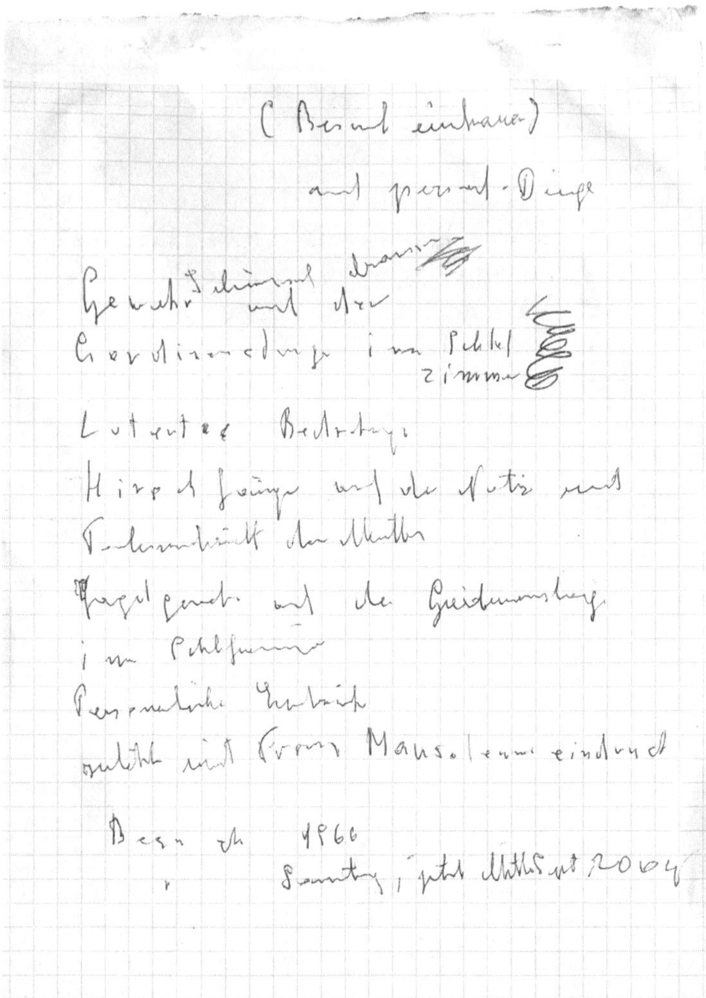

Zettel mit Stichwörtern, notiert nach einem Besuch im »Bernhard-Haus« in Ohlsdorf: »Latente Bedrohung«, »Jagdgewehr auf der Gardinenstange im Schlafzimmer«

und bin noch lange nicht damit fertig. Wie sehr der liebe Augustin ein lieber Augustin war, hatte ich auch noch nicht herausgefunden, als Thomas Bernhard an seiner Stelle auftauchte.

Clemens aber war entzückt. Einige Zeit danach – Clemens' verzweifelter Blick hatte genügt – rief ich Thomas Bernhard an, und wir fuhren nach Ohlsdorf: Clemens, seine kleine Schwester, zwei Mütter und die Taxifahrerin. Bernhard holte uns herein, bot allen Kletzenbrot und Most an und blieb eine Weile bei uns am Tisch. Clemens weinte auf dem Heimweg und hörte nicht auf damit. Heute scheint es mir, er hätte bis zu seinem Tod im Februar 1998 nicht damit aufgehört.

E. M. Cioran: »In den Gärten des Abendlandes hat die Schlußstunde geschlagen.« Die Häuser und Räume Bernhards könnte man zu den Gärten des Abendlandes zählen, aber wem die Schlußstunde geschlagen hat, muß jeder allein finden. »Es ist alles lächerlich, wenn man an den Tod denkt«, zitierte Clemens mit Kreide auf der Schiefertafel in der Großgmainer Küche.

Letzten Sonntag, nach einem kurzen Aufenthalt in St. Gilgen, vor dem Haus, aus dem die Mutter Mozarts stammt, die rasche Fahrt nach Ohlsdorf, Thomas Bernhard auf der Spur. »Die Nächte schlaflos und durchhustet, die Angst um den Atem.« Im »Bernhard-Haus«: Ein Gewehr auf der Gardinenstange im Schlafzimmer, der Totschläger hinter der Küchentür, der Hirschfänger auf der Zeitungsnotiz mit der Todesnachricht seiner Mutter. Ob damals Joseph II. schon aus seinem Rahmen über uns hinwegschaute, ob das Schlafzimmer für Gäste mit dem Spieltisch und der Sitzecke uns schon auffielen, ob die unbekannte Dame aus der Rokokozeit an uns vorbeisah? Man sollte es dem Vergessen anvertrauen und der Erinnerung freistellen, was sie zuläßt und was nicht.

»Schau, das ist jetzt eigentlich der Todestag vom Großvater«, bemerkte Thomas Bernhard am Vorabend seines Todes am 12. Februar 1989 – keine Antiprunkrede. Ein Leserbrief zur Erhaltung der Gmundner Straßenbahn ist seine letzte Publikation.

Jetzt wird der Herbst kühler, die Schatten wachsen, aber ihre Spiele werden auch der neuen, kälteren Jahreszeit standhalten. Thomas Bernhard ist wieder unterwegs.

(24. 9. 2004)

Nobelsonne

Kein Schattenspiel

Die Szene läßt keinen Schatten zu, gespielt wird nicht, wurde auch selten. Zu ernst, zu teuer, viel zuviel Gewinn auf dem Spiel. Nicht nur Sartre lehnte ab. Andere schlugen weder die Ehre noch das Geld aus. Thomas Bernhard und Ingeborg Bachmann – beide tot, »gigantisch« und unangreifbar – wurde der Preis erst gar nicht angeboten.

»Wer hat Zeit, Biographien zu lesen, und wer kann so naiv und liebenswürdig sein, sich dafür zu interessieren?« (Alfred Nobel) Von seinen und anderen Lebenserfahrungen hielt Nobel ungefähr soviel wie E. M. Cioran. »Erbärmliches Halbleben, hätte von menschenfreundlichem Arzt erstickt werden sollen, als er schreiend in dieses Leben trat.« Größte Verdienste: »Den Fingernagel rein zu halten und nie jemandem zur Last zu fallen.« In seinem Wintergarten in der Avenue Malakoff in Paris entging er dem bleiernen Druck der Langeweile, und an allen seinen Produktionsstätten unterhielt er eigene Laboratorien, wie z. B. in der obskuren Sprengstoffabrik Krümel. Sprengöl war sein erstes wichtiges Patent. Alles war teuer erkauft, aber es störte ihn nicht, daß die Schuppen, in denen er das Nitroglycerin lagerte, zuweilen in die Luft flogen und einige seiner Assistenten dabei mitnahmen. Nobel blieb unverletzt. Auch der russische Zar interessierte sich für die Seeminenexplosion. Eine verbesserte Variante des Dynamits wurde als »Sprenggelatine« patentiert. In St. Petersburg ging Nobel 1856 kurzweilig bankrott, nicht viel später brachte er in den Vereinigten Staaten eine kontinuierliche Sprengstoffproduktion in Gang. Als der amerikanische Kongreß ein radikales Transportverbot von Dynamit beabsichtigte, gründete er rasch die erste amerikanische Dynamitfabrik bei San Francisco.

Die erste Nobelpreisverleihung am 10. Dezember 1901 durch Kronprinz Gustav ging an Sully Prudhomme, einen elenden Schreiber, der aber genau in der Zeitkurve lag, aus der er sich naturgemäß rasch herauskatapultierte. Einige Jahre danach ging der Preis an Paul Heyse. Zitat: »Dulde, gedulde dich fein! / Über ein Stündlein / ist deine Kammer voll Sonne.« Auch Ivan Bunin bekam ihn, Čechov nicht. Beckett nahm ihn 1969 an und fuhr statt nach Stockholm nach Tanger. 1991 bekam ihn Wislawa Szymborska für »Fragmente menschlicher Wirklichkeit«, Stanislaw Lem bekam ihn nicht, er war todkrank und schien dem Komitee nicht mehr rentabel.

»Glück auf!« wünscht der Portier im Hochhaus in der Wiener Herrengasse, sobald man das Haus verläßt. An welches Glück denkt er? »Gleichmütig bleiben vor einer von der Helle vernichteten Landschaft.« (E. M. Cioran) Das gelingt selbst demjenigen schlecht, der die Depressionen der vom Glück Verfolgten ernst nimmt. Und noch einmal Cioran: »Die Freude ruht auf nichts.« Möglich, aber das oft horrende und ausschweifende Glück ist um einiges zu teuer. Die Mitläufer und die Spießgesellen des Glücks bezahlen die

Rechnung nicht. In den ersten Schulklassen entdeckte ich, daß die dicken Kinder dem Glück der dünnen dienten. Später bekamen wir ein schizophrenes Kinderfräulein, das uns oft zur Linzer Landesirrenanstalt spazierenführte. Wieder fiel mir auf, daß die freundlichen Irren, die durch die Mauerlücken auf uns herniederschauten, unsere Freiheit und auch die aller unfreundlichen Unverwirrten erst möglich machten.

Glück auf! – Ich will heute diesen Wunsch weitergeben an die Patienten der so genannten »Station für Intensivpflege« des Wiener Allgemeinen Krankenhauses, wo zwei meiner Nächsten ziemlich qualvoll starben: bei U-Musik, die die Intensivschwestern (so gezielt und unbeteiligt wie das Nobelkomitee die Explosionspolka von Johann Strauß) zu ihrer Zerstreuung ablaufen ließen.

Um die Intensivpflege der Nobelpreisträger kümmert sich die Welt. Thomas Bernhard hat ihn nicht bekommen, Joyce nicht, Julien Green nicht, statt dessen von Sully Prudhomme bis zur letzten, verzweifelten Preisträgerin immer wieder diejenigen, die darauf bedacht waren, Dario Fo und Günter Grass (tanzend im königlichen Ballsaal nach der Verleihung). Das Karolinska-Institut in Stockholm, zuständig für die Vergabe des Nobelpreises für Medizin, wirkt unter dem bleiernen Himmel, trotz einiger Strauchreihen und Baumgruppen, wie eine unzureichende Fassade, fast ein Totenhaus. »Requiescat in pace«, aber welcher Friede ist gemeint?

Ein Grund für den Verfall des Werts der Nobelpreise waren die absichernden und gewieften testamentarischen Verfügungen Alfred Nobels. Heute verfügt die Nobelstiftung über ein Nominalkapital von vier Milliarden Kronen. Nobel, der nicht scheintot begraben werden wollte, war der reichste Vagabund Europas und blieb als Person weitgehend anonym. Die Nobelpreise für Wissenschaft, Literatur und Frieden haben dafür gesorgt, daß ihr Stifter posthum berühmter geworden ist, als es der Erfinder und Unternehmer Nobel je war.

(Neue Zürcher Zeitung, 9. 12. 2004)

Die geforderte Freude

»Wir müssen uns fürchten, von uns ist die Freude verlangt.« (Aufzeichnung, 1950) – »Nicht jammern, daß Mariä Empfängnis ein Einkaufstag geworden ist«, fordert Kardinal Schönborn bei einer Prozession zum 150. Jahrestag der Verkündigung des Dogmas »Unbefleckte Empfängnis«: »Das Fest feiern, beten, singen – und sich über Maria freuen.« Dagegen E. M. Cioran: »Die beiden Frauen, mit denen ich am meisten verkehrt habe: die heilige Therese von Avila und die Erzvergifterin Brinvilliers.«

Im Schutzbereich der berühmten Mystikerin aus Avila, wo in einem der Klöster ein Teil ihres vermoderten Mittelfingers zu sehen ist, ist auch meine Zwillingsschwester: im Seniorenheim Santa Teresa in London.

»Wer weiß, gewinnt!« lädt ein Plakat am »Haus der Begegnung« gegenüber dem Café Jelinek in Wien-Gumpendorf zu einem »Seniorenquiz«. Den Abend, an dem er entdeckte, daß es keinen Unterschied mache, anderntags oder in 30 Jahren zu sterben, nennt Jean Paul den bedeutungsvollsten seines Lebens. Aber Entdeckungen dieser Qualität und die dazugehörigen Abende gelingen nicht jedem. »Ich mag wohl wissen, daß ich nichts bin, es bleibt mir immer noch die Aufgabe, mich davon wirklich zu überzeugen.« Jean Paul und Cioran waren diesem Ziel gewachsen. Ich habe

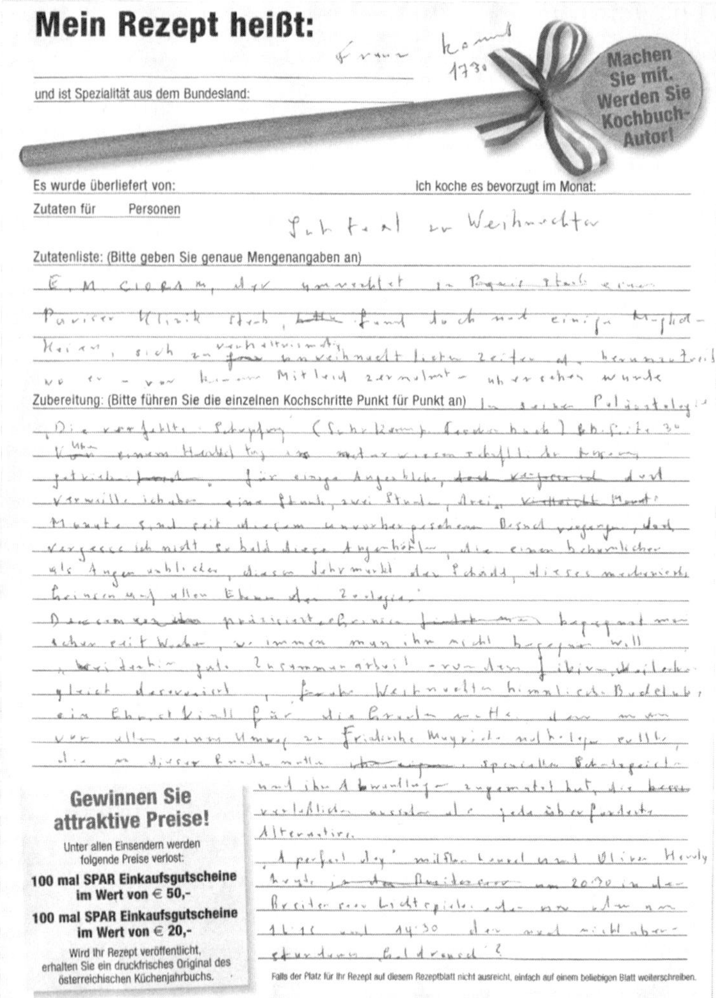

Mein Rezept heißt:

und ist Spezialität aus dem Bundesland:

Machen Sie mit. Werden Sie Kochbuch-Autor!

Es wurde überliefert von:

Ich koche es bevorzugt im Monat:

Zutaten für Personen

Subtext zu Weihnachten

Zutatenliste: (Bitte geben Sie genaue Mengenangaben an)

Zubereitung: (Bitte führen Sie die einzelnen Kochschritte Punkt für Punkt an)

Gewinnen Sie attraktive Preise!

Unter allen Einsendern werden folgende Preise verlost:

100 mal SPAR Einkaufsgutscheine im Wert von € 50,-

100 mal SPAR Einkaufsgutscheine im Wert von € 20,-

Wird Ihr Rezept veröffentlicht, erhalten Sie ein druckfrisches Original des österreichischen Küchenjahrbuchs.

Falls der Platz für Ihr Rezept auf diesem Rezeptblatt nicht ausreicht, einfach auf einem beliebigen Blatt weiterschreiben.

Die erste Fassung – »Subtext zu Weihnachten« – schrieb Ilse Aichinger auf dem Teilnahmeblatt zu einem Kochbuch-Preisausschreiben einmal notiert, daß man nur erfahren kann, was man schon weiß. Vor kurzem, im Santa-Teresa-Altersheim in London, erfuhr ich es wieder einmal.

Auf die Frage, die in Großbritannien mit »How do you do?« umschrieben wird, gibt meine Schwester immer rasch zur Antwort: »Ich bin so unglücklich, daß der Haydn nicht mehr lebt«, oder: »Ich bin jetzt verwirrt und will auch nicht mehr unverwirrt sein.« »Wir waren nur in jenen Epochen glücklich, in denen wir, auf Selbstpreisgabe begierig, unser Nichts begeistert annahmen«, bemerkt Cioran und fragt: »Warum tötet man sich nicht?« Meine Schwester, im Schutz der freundlichen und ahnungslosen Nonnen, kann sich weder die Obsession des Selbstmords noch die Weisheit leisten, die laut Cioran unsere Wunden tarnt. Keine Tarnung mehr, nicht der geringste Versuch: statt dessen eine mittelgroße Blechdose, in der die halbgerauchten Zigarettenstummel landen, kein Leiden, das den Gedanken Gewicht gibt, nur das Zurückweichen in Angst und Paranoia, weder schwarze Gedanken noch die Sonne, die sie hervorbringt.

»Ich versuche erfolglos, auf nichts mehr stolz zu sein«, notiert Cioran. Meiner Schwester gelingt das spielend und bis zum Exzeß. Wenn es in Stockholm noch andere würdigungsmögliche Bereiche gäbe, zum Beispiel die Bestürzung über die eigene Existenz, so bekäme die alle Jahre wiederkehrende Siegerparade der Nobilitierten eine neue Dimension. Aber: Wie sollte der Mangel an Selbsterhaltungsgier und »Willen zur Macht« honoriert werden? Die allererste Vorgabe, laut »Kronen Zeitung«: nur ja keine häßliche Blechdose.

Zu dieser Blechdose brachte es meine Schwester ganz ohne Anstrengung, aber doch mit einer gewissen Obsession. »Zu früh aufgegeben«, ist in der gestrigen »Kronen Zeitung«, Rubrik Sport, zu lesen. Dagegen Cioran: »Je länger es dauert, desto skeptischer beurteile ich meine Ursachen, mich weiterzuschleppen.«

»Ooh, gimme love, gimme some of your sweet love«, singen auf den Gängen zu Santa Teresa die jungen Hilfsschwestern vor sich hin. »Gib mir Reichtum oder Armut, / Gib mir Freude oder Trauer, / Gib mir Dunkel oder Helle, / Gib mir Himmel oder Hölle, / Süßes Leben, Sonnenschein! / Voll und ganz gehör ich dir: / Was begehrst du, Herr, von mir?« schrieb Teresa von Avila.

Gruß an Santa Teresa und ihre unverkrampften Nachfahren. Und noch einen an die verwirrten und von Schlaf und Tanz hoffnungslos verschonten Bewohner. Nicht nur Cioran erfährt, umnachtet in einer Pariser Anstalt, was er längst weiß, auch seine verschreckten Troglodyten, auch die Ratten im engsten Raum. Und in dieser Rangordnung zuletzt die Bewohner, die das Sterben, aber nicht das Fürchten verlernt haben, und die Gäste von Santa Teresa.

(Die Presse/Spectrum, 24. 12. 2004)

DEMEL
K. u. K. Hofzuckerbäcker
Wien
Frohe Weihnacht
Demel
Weihnachten 2004

III

Ilse Aichinger: »Ich halte meine Existenz für völlig unnötig«

profil: Sie haben in einem Interview vor einigen Jahren den Wunsch geäußert, daß Ihre Zukunft nicht mehr allzu lange dauern möge.

Aichinger: Ich halte meine Existenz für völlig unnötig. Egal, wie sie verlaufen ist, egal, was ich an Gutem und Schlechtem erlebt habe – ich habe es schon als Kind als eine absurde Zumutung empfunden, daß man plötzlich vorhanden ist. Da müßte man zumindest gefragt werden, ob man nicht einfach wegbleiben will. Dann wäre ich weggeblieben.

profil: Das wußten Sie schon als Kind?

Aichinger: Ja. Unabhängig von Schicksalen. Meine ganze frühe Kindheit mit meiner Großmutter war gut. Es war nur von Anfang an schwierig, weil ich eine Zwillingsschwester habe. Man wird da nicht als Einzelperson wahrgenommen. Wir haben uns auch so ähnlich gesehen, daß selbst meine Mutter uns nicht auseinanderhalten konnte. Dabei sind wir grundverschieden, wie Fremde. Von Anfang an waren wir beide sehr schwach, nur sind wir leider nicht gestorben.

profil: Sehnen Sie sich nach dem Tod?

Aichinger: Ja. Tod schon, aber ohne Sterben. Nun schreibt ja zum Beispiel Ingeborg Bachmann von »Todesarten«. Der Titel ist falsch wie das meiste, was sie geschrieben hat. Denn es gibt keine Todesarten, es gibt nur Sterbensarten. Der Tod ist der Tod, ein Zustand, kein Prozeß wie das Sterben. Weniger schön, aber korrekt – das Genaue ist meist weniger schön und weniger eingängig – müßte es »Sterbensarten« heißen. Mein einziger Kummer ist, daß man es nicht erfährt, den Zustand »Tod«. Ich finde es erbitternd, daß ich den Triumph, weg zu sein, dann nicht auskosten kann.

profil: Vollkommen weg sein: Ist das Ihre Vorstellung vom Danach?

Aichinger: Ja. Es könnte sein, daß die Substanz von Leuten, die Persönlichkeiten sind – und das ist sehr selten –, bleibt. Ich bin nicht so überheblich, mich für eine solche Persönlichkeit zu halten, und möchte es auch gar nicht.

profil: Dann kann Ihnen der Tod keine Angst machen.

Aichinger: Nein, aber das Sterben. Meine Mutter war Ärztin, und ich habe sehr oft zugeschaut, wenn Leute acht Tage lang gestorben sind: Sterbensarten. Da habe ich gedacht, daß das unangemessen ist nach einer Existenz, die man gar nicht wollte. Sterben ist ein körperlicher Vorgang. Und der Körper, der ja wie ein Tier reagiert, wehrt sich mit Macht und Verzweiflung.

profil: Haben Sie je an Selbstmord gedacht?

Aichinger: Mir mißlingt das ganz bestimmt. Ich bin manuell ungeschickt. Ich kann schon nicht einmal eine Suppe kochen. Wenn man es nicht schafft, wird man in eine geschlossene Anstalt gesteckt. Es geht um Erfolg:

ob in den Finanzen, in der Liebe oder beim Sterben. Wenn man es schafft, ist es natürlich toll. Wenn nicht, sagt man: »Nicht einmal das!«

profil: Kann es überhaupt eine Ars moriendi, eine Kunst des Sterbens, geben?

Aichinger: Ja, so etwas gibt es. Die Geschwister Scholl zum Beispiel, die 1943 als Widerstandskämpfer hingerichtet wurden, waren Lebens- und Sterbenskünstler. Das fällt meistens zusammen. Ich bin weder das eine noch das andere. Aber wenn ich zum Beispiel Flaubert lese, erfahre ich manchmal ein so großes Glück, daß es dann ganz egal ist, ob man lebt, tot oder sonstwas ist.

profil: Kafka lesen hingegen ist für Sie so, »als erführe ich meinen Sterbetag«. Was ist so tödlich an Kafka?

Aichinger: Es ist so ernst. Kafka war ein Prophet. Ich konnte ihn nicht lesen. »Das Schloß« hat mich wahnsinnig traurig gemacht und verdüstert. Weil die Macht, die politische und die der Existenz, der man unterworfen ist, darin so massiv erfaßt wird. Ich habe sofort gemerkt, wie genau die Sätze stimmen. Auch bei Joseph Conrad zum Beispiel, der zu meinen Liebsten gehört, ist es so: Jeder Satz stimmt, und kein Satz geht da irgendwo dazwischen.

profil: Haben Schreiben und Tod miteinander zu tun?

Aichinger: Gute Literatur ist mit dem Tod identisch. Das ist ein für mich erstrebtes Ziel, weil gute Literatur mit einer gewissen Art von Adel identisch ist. Und dieser Adel besteht in dem Willen zur Nichtexistenz. Ich nehme an, daß jemand wie Joseph Conrad diesen Willen hatte. Als Seemann, der er ja auch war, muß man das haben.

profil: Haben Sie eine Leidenschaft für die Seefahrt?

Aichinger: Ja, wahnsinnig, von Kindheit an. Ich erinnere mich an eine Überfahrt nach Amerika: Da gab es einen Probealarm. Ich habe mir die Leute angeschaut und gedacht, wenn das Schiff jetzt wirklich unterginge, werden es alle wie die Wiener machen, die im Krieg mit ihren Schmuckkästchen in den Keller gegangen sind, der auch gar nicht geschützt war. Dann kam ein Steward zu mir, der gesehen hat, wie ich etwas zusammenpacke, und sagte: »That's a nonsense.« Und da ich das Leben für etwas Ähnliches halte, hat mich dieser souveräne Satz nie verlassen.

profil: Bringt dieses Nonsensgefühl nicht auch Heiterkeit?

Aichinger: Alles Komische hilft mir und macht mich glücklich. Im Kino und überall.

profil: Ein Satz von Ihnen lautet: »Was das Kino heute für mich bedeutet: die Möglichkeit, Tod und Leben darin zu finden.«

Aichinger: Ja, der Ort, wo man noch etwas wahrnimmt. Ich bin entweder sehr glücklich, wenn ich aus dem Kino komme, wenn es ein sehr guter Film war, oder zornig, wenn es ein schlechter war. Dann denke ich sofort, daß auch die Erfindung der Existenz nicht besonders ist. Man hat das Gefühl, da hat sich jemand gelangweilt und etwas Falsches erfunden.

profil: In »Film und Verhängnis« schreiben Sie, daß

der Tod im Kino »eigentlich etwas Anzustrebendes« ist. Soll der Tod Sie im Kino holen?

Aichinger: Nicht im Bellaria-Kino. Das ist mir zu unbequem. Aber sonst würde ich sagen, das wäre nicht schlecht. Ich gehe bis zu viermal am Tag ins Kino, um meine Zeit totzuschlagen, weil es mir schon viel zu lange dauert.

profil: Welcher Film wäre ein idealer Lebensschlußfilm?

Aichinger: Vielleicht lieber ein sehr schlechter. Wenn es ein guter ist, denke ich mir sonst noch, ich würde ihn mir übermorgen noch einmal anschauen wollen. Als Kind habe ich einmal einen Film gesehen, der hieß »FP1 antwortet nicht«. Das war ein schlechter Vor-Ufa-Film mit militanten Raumfahrern, aber der Satz »FP1 antwortet nicht« war meine Vorstellung von der Existenz. Man antwortet schon einfach nicht. Das hat mich immer begleitet.

profil: Können Sie dem Klischee, daß die Wiener ein besonderes Verhältnis zum Tod haben, etwas abgewinnen?

Aichinger: Die Wiener haben keine Ahnung vom Tod, und sie wollen keine Ahnung vom Tod haben. Keine Linie fährt in Wien so oft wie die Linie 71, und die fährt zum Zentralfriedhof. Mein Großvater, der als einziger aus der Familie noch im Bett gestorben ist, liegt dort.

profil: Ich kenne jemanden in Wien, der schon vor Jahren auf seinem Grabstein seinen Namen und sein Geburtsjahr hat einmeißeln lassen. Es fehlt nur das Sterbedatum.

Aichinger: Das ist rührend, und es erschüttert mich, weil es zeigt, daß man sich da den Tod als eine neue Heimat, als eine friedvolle Siedlung vorstellt. Dahinter steht auch die Idee, daß der Tod kein Wegsein ist, nur eine leicht veränderte Daseinsform.

profil: Haben Sie denn je darüber nachgedacht, Vorkehrungen für Ihr Begräbnis zu treffen?

Aichinger: Nein. Das einzige ist: Ich habe große Angst davor, lebendig begraben zu sein. Das ist eine grauenhafte Vorstellung.

profil: Glauben Sie, daß Sie ruhig sterben können?

Aichinger: Ich bin nicht überzeugt davon. Man stirbt schwerer, wenn man spät stirbt. Ich habe das Gefühl, daß mit jedem Tag, den man älter wird, die körperliche und geistige Kraft, Dinge zu akzeptieren, abnimmt. Sie kann nicht zunehmen. Ich habe Bekannte, die melden sich schon jetzt an fürs Altersheim. Schon das Wort Heim ist so entsetzlich. Aber wie macht man das, daß man nicht in ein Heim kommt, wenn man zum Beispiel nicht mehr bei sich ist?

profil: Was halten Sie von der Hospiz-Bewegung?

Aichinger: Das klappt natürlich alles nicht. So viele gibt es gar nicht, die die Kraft und Geduld haben dabeizustehen, wenn jemand stirbt. Die Hospiz-Bewegung ist eine Illusion. Es gibt kein schönes Sterben, es gibt nur ein leichtes Sterben. Wenn man Glück hat, trifft einen der Schlag.

profil: Kann man nicht jeden Versuch verstehen, der danach strebt, den Gedanken ans Sterben leichter zu machen?

Aichinger: Ja, das verstehe ich auch. Es ist sehr

wichtig, daß jemand bei einem ist, wenn man stirbt. Aber nicht jemand Beamteter.

profil: Das sagen Sie, obwohl Sie überzeugt sind, daß jeder seinen eigenen Tod und allein stirbt?

Aichinger: Eben weil das Sterben eine so irrsinnige Verlassenheit von Gott und allem ist. Wenn man über Sterbende in den Lagern oder an der Front liest: Alle haben nach ihrer Mutter oder ihrer Frau gerufen. Alle. Da konnten sie noch so mutig sein. Es gibt keinen, der dann nicht doch ruft.

profil: Die Geschwister Scholl und ihre Familie waren sehr religiös. Hilft der Glaube im Umgang mit dem Sterben?

Aichinger: Manchen vielleicht. Ich möchte mir nur nicht falsch helfen lassen. Alle wollen um jeden Preis existieren, existiert haben und weiter existieren. Der Tod ist da ein Mißerfolg.

profil: Hat die Mißerfolgsstory des Todes damit zu tun, daß wir ihn auslagern in Heime und Krankenhäuser und weiter von uns weghalten, als das früher der Fall war?

Aichinger: Das Sterben war früher auch nicht besser, die Auffassung vom Sterben war anders. Es war kein Mißerfolg. Es war eine Art Heimkehr.

Das Gespräch führte Julia Kospach.
Profil, Nr. 45/2003

Ilse Aichinger
Werke

Herausgegeben von
Richard Reichensperger

Acht Bände in Kassette
Die Kassette wird nur geschlossen abgegeben
Als Einzelbände lieferbar

Die größere Hoffnung
Roman. Band 11041

»Wer ist fremder, ihr oder ich? Der haßt, ist fremder als der gehaßt wird, und die Fremdesten sind, die sich am meisten zuhause fühlen.«

Der Gefesselte
Erzählungen 1
1948 – 1952
Band 11042

Am Beginn der Wiederaufbau-Ära sprechen Ilse Aichingers frühe Erzählungen von Erstarrung und Verdrängung, »erlösungssüchtig und untröstlich, kritisch und gelassen.« *Joachim Kaiser*

Eliza Eliza
Erzählungen 2
1958 – 1968
Band 11043

»Tatsache ist, daß Ilse Aichinger mit den herkömmlichen Praktiken des Schreibens endgültig gebrochen hat. Sie verläßt sich nicht mehr auf Visionen, sie besteht auf reiner bodenloser Anarchie.«
Heinz Piontek

Schlechte Wörter
Band 11044

»Eine Prosa der Zweifel, der Fragen, der Suche. Diese Prosa hebt alles aus den Angeln, was sie anspricht und meint.« *Jürgen Becker*

Kleist, Moos, Fasane
Prosa. Band 11045

In Erinnerungen an die Zeit des Nationalsozialismus, in Aufzeichnungen und Reden vollzieht sich eine poetische Rebellion gegen die Gewalt der Geschichte.
»Wenn es zur Zeit der Sintflut geschneit und nicht geregnet hätte, hätte Noah seine selbstsüchtige Arche nichts geholfen.«

Auckland
Hörspiele. Band 11046

Dieser Band versammelt erstmals sämtliche Hörspiele Ilse Aichingers, vom sozialkritischen Stück »Knöpfe« (1953) bis zum Sprachgewebe »Gare maritime« (1976), das die Autorin mit Jutta Lampe und Otto Sander inszenierte.

Zu keiner Stunde
Szenen und Dialoge
Band 11047

Dialoge und Szenen, die in mikroskopisch präziser Dialogtechnik Orte und Charaktere lebendig machen, »ein zierliches Meisterwerk, das Fülle und Geheimnis des Lebens enthält.«
Günter Blöcker

Verschenkter Rat
Gedichte. Band 11048

»Gedichte, in denen Kritik an dieser Welt geübt wird, die darum, weil sie nicht tagespolitisch ist, um nichts weniger radikal ist.« *Erich Fried*

Fischer Taschenbuch Verlag

fi 2013 / 3 b

Ilse Aichinger

Film und Verhängnis

Blitzlichter auf ein Leben

Mit zahlreichen s/w-Fotos.

Band 15659

Ein neues Buch von Ilse Aichinger. Und eine völlig neue Weise autobiographischen Schreibens. Ilse Aichinger verknüpft die Filmgeschichte des 20. Jahrhunderts mit dem Verhängnis ihrer Familie. In verblüffenden Kreuzungen von Populärkultur, Denken und Erinnerung spannt sie den Bogen vom Stummfilm bis zu den Beatles: Blitzlichter der Freiheit.

Unglaubwürdige Reisen

192 Seiten. Gebunden

Mit zahlreichen s/w-Abb.

Ilse Aichinger definiert die Reise neu und das Reisejournal: In einem Wiener Kaffeehaus schreibt sie sich an nahe und ferne, alt vertraute und nie gesehene Orte. Und findet über diese Wege – Sesam öffne dich! – Zugang zur unglaubwürdigsten aller Reisen: der eigenen Biografie.

Fischer Taschenbuch Verlag

fi 15659 / 2

Ilse Aichinger
Ein Bilderbuch von Stefan Moses
Mit Texten von Michael Krüger
und Ilse Aichinger
160 Seiten. Gebunden

Mit einem Fotoband ehrt Stefan Moses die große Dichterin Ilse Aichinger anläßlich ihres 85. Geburtstags. Die Bilder von Stefan Moses erzählen Geschichten, und so rundet sich, was er »ein Bilderbuch« nennt, zu einer Lebensgeschichte in Momenten.

»Stefan Moses hat Ilse Aichinger seit den 70er-Jahren fotografiert, am Küchentisch, im Wald, schreibend, grübelnd, lachend und immer wieder rauchend. Sein Bilderbuch ist eine Liebeserklärung.«
Berliner Zeitung

»Das Bilderbuch von Stefan Moses ... ist ein Traum in Schwarz-Weiß.«
Frankfurter Allgemeine Sonntagszeitung

S. Fischer

fi 1-000528 / 1